HARRY ALEXANDER

CUADERNO COZY

AF275292

COLOREA UN UNIVERSO TIERNO Y ACOGEDOR

LIBROS CÚPULA

Este libro pertenece a

....

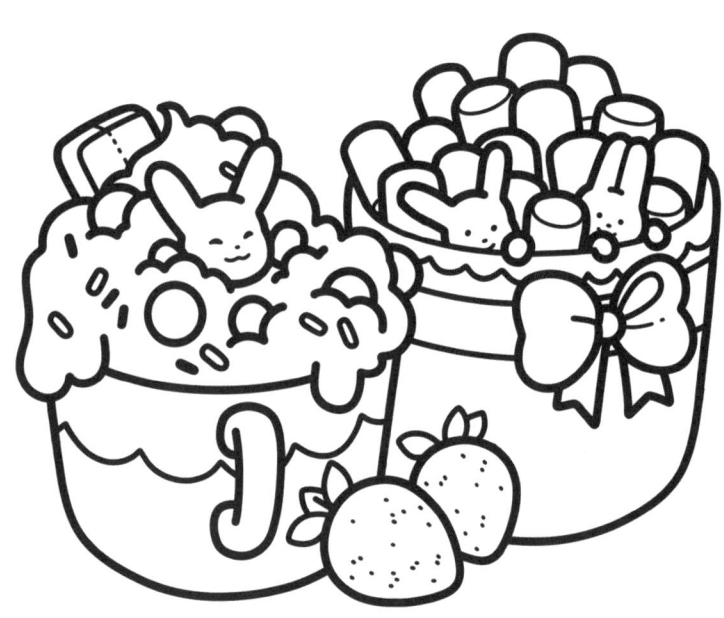

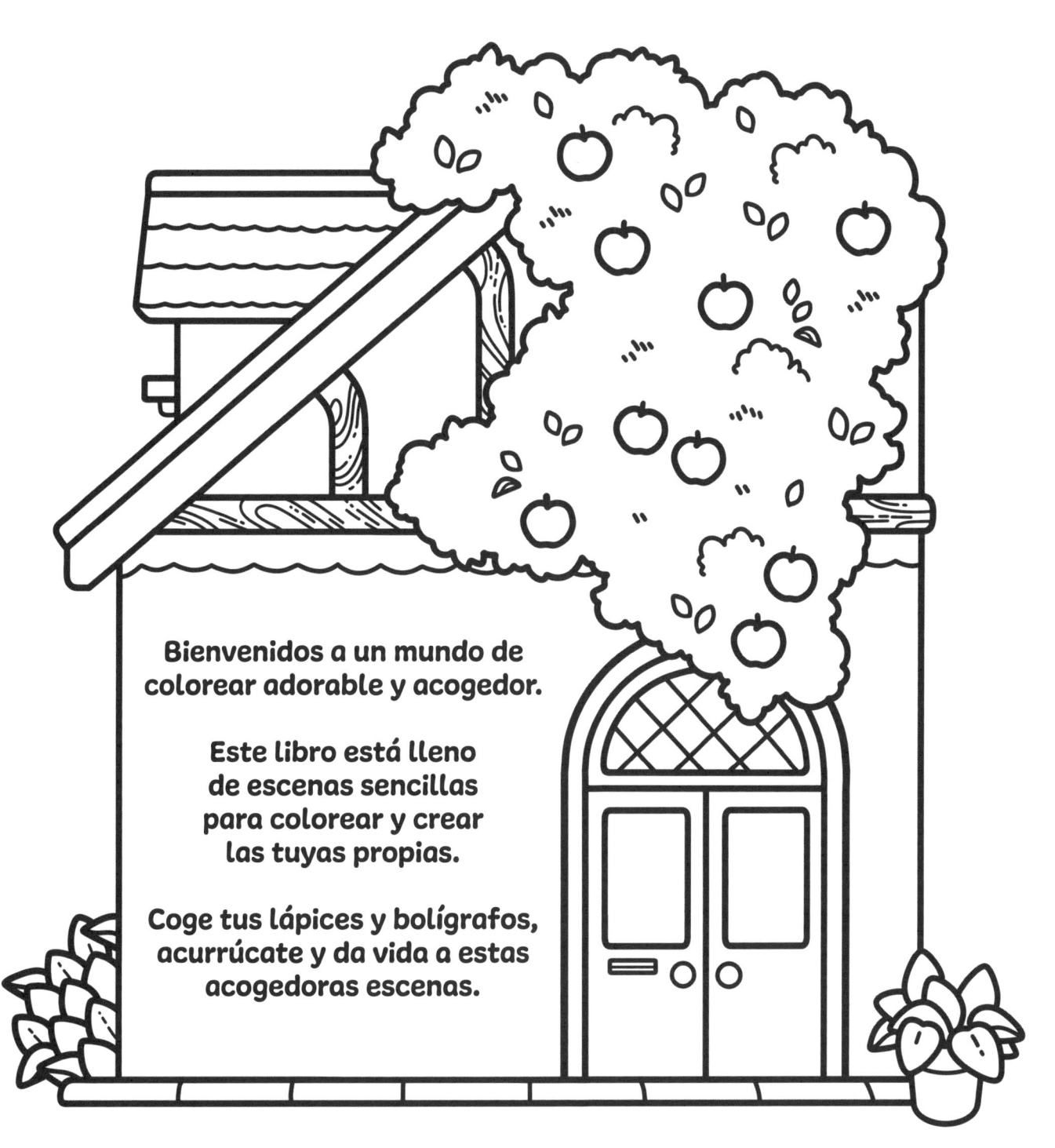

Bienvenidos a un mundo de colorear adorable y acogedor.

Este libro está lleno de escenas sencillas para colorear y crear las tuyas propias.

Coge tus lápices y bolígrafos, acurrúcate y da vida a estas acogedoras escenas.

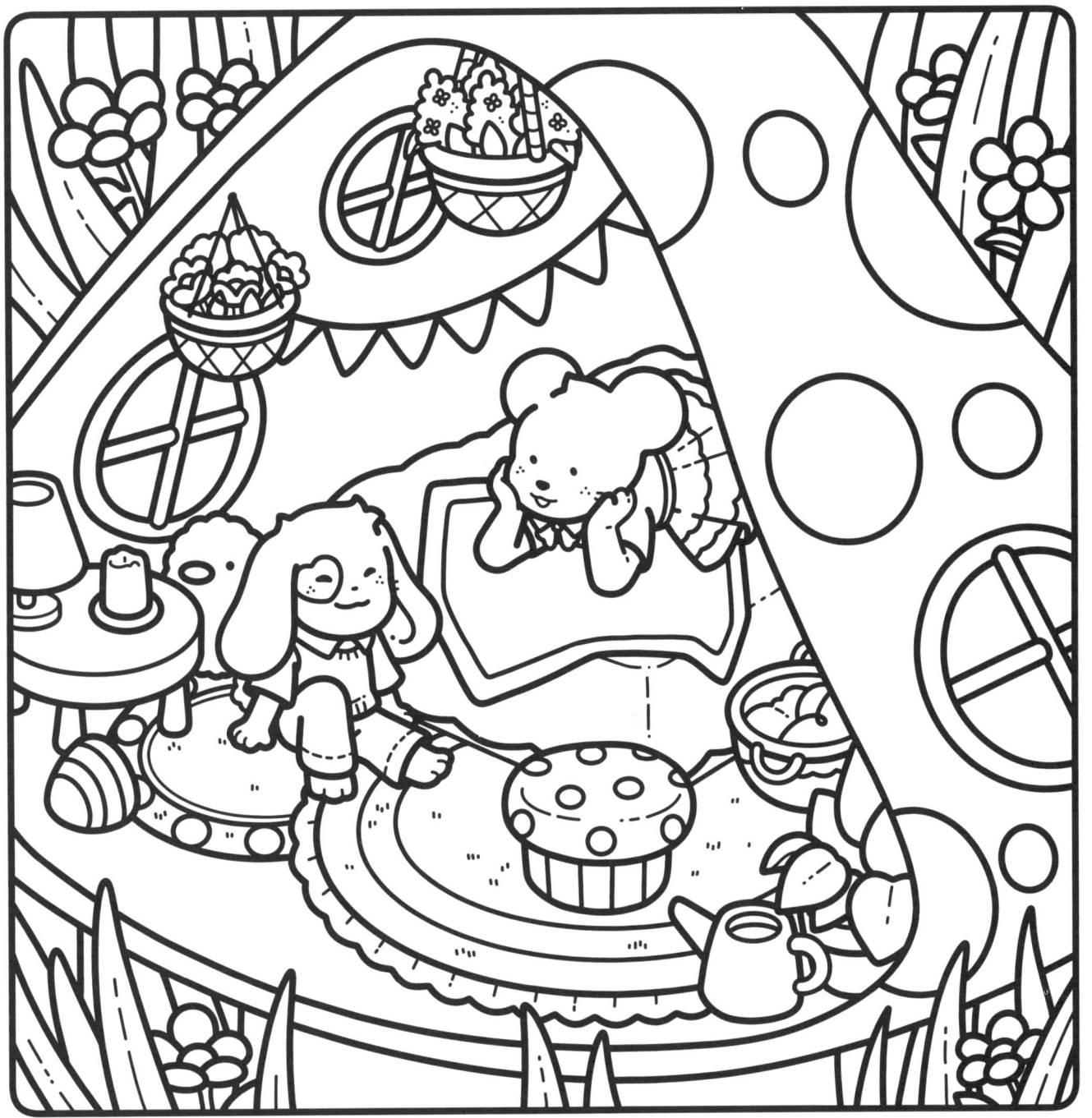

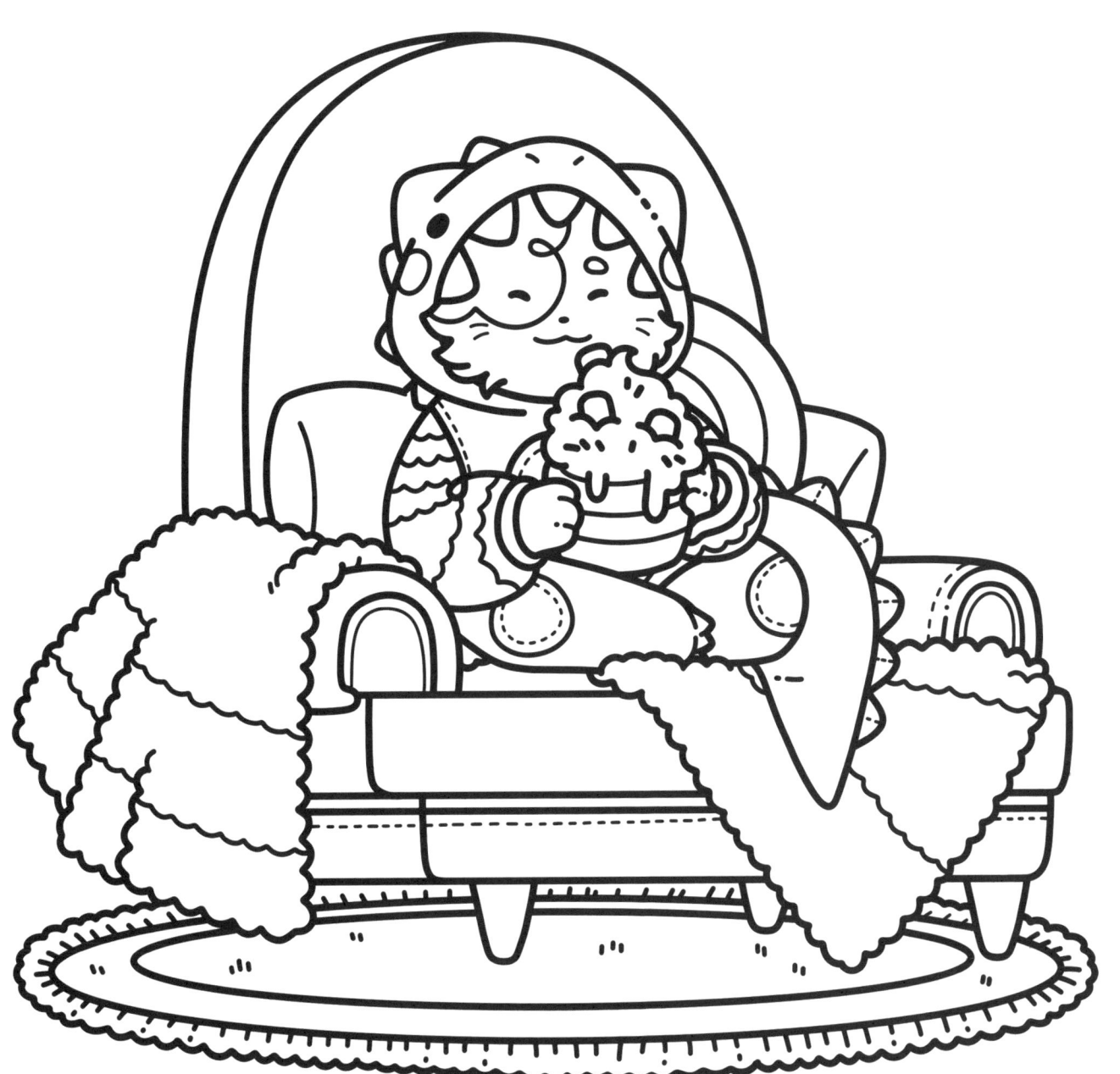

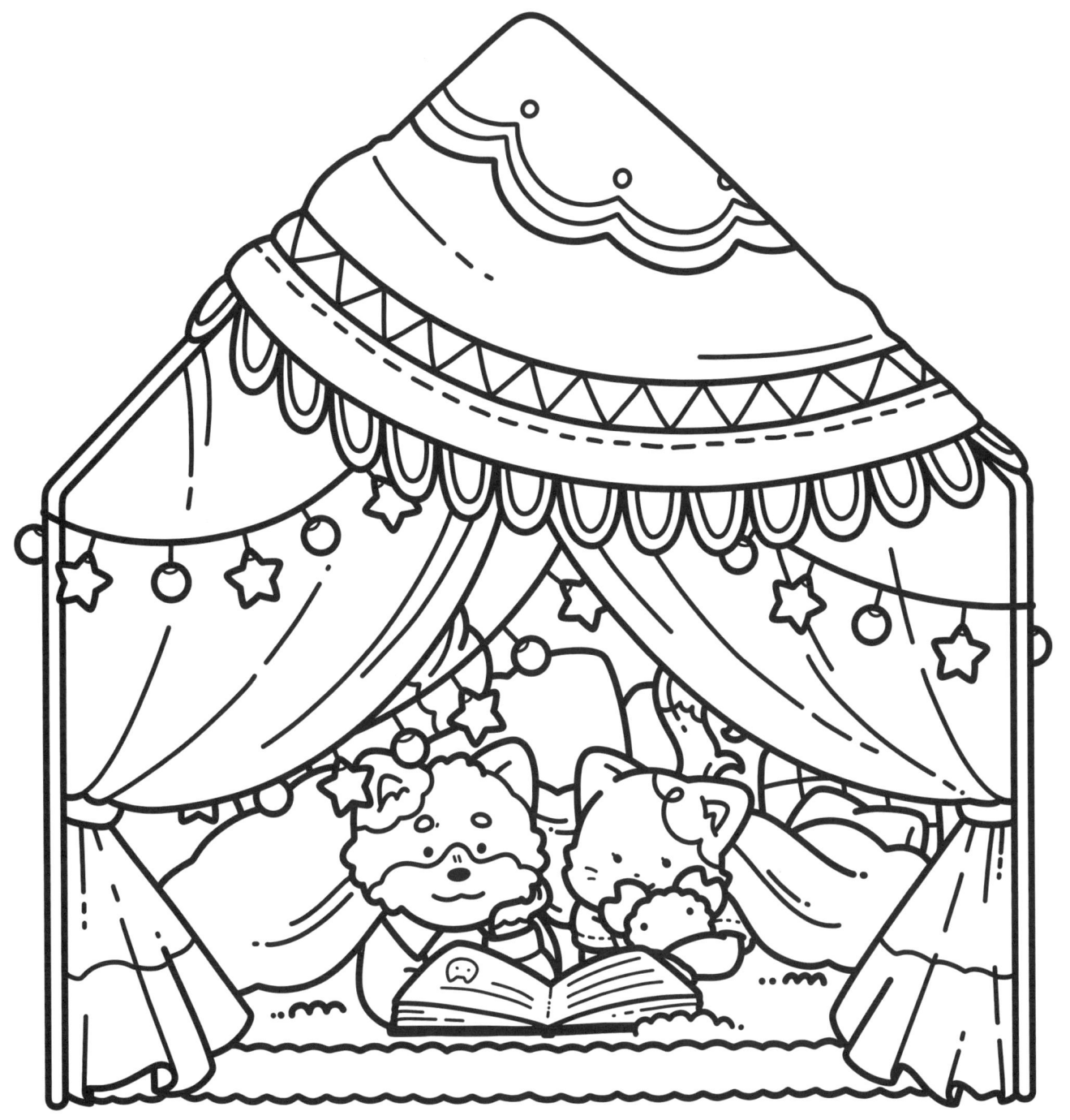

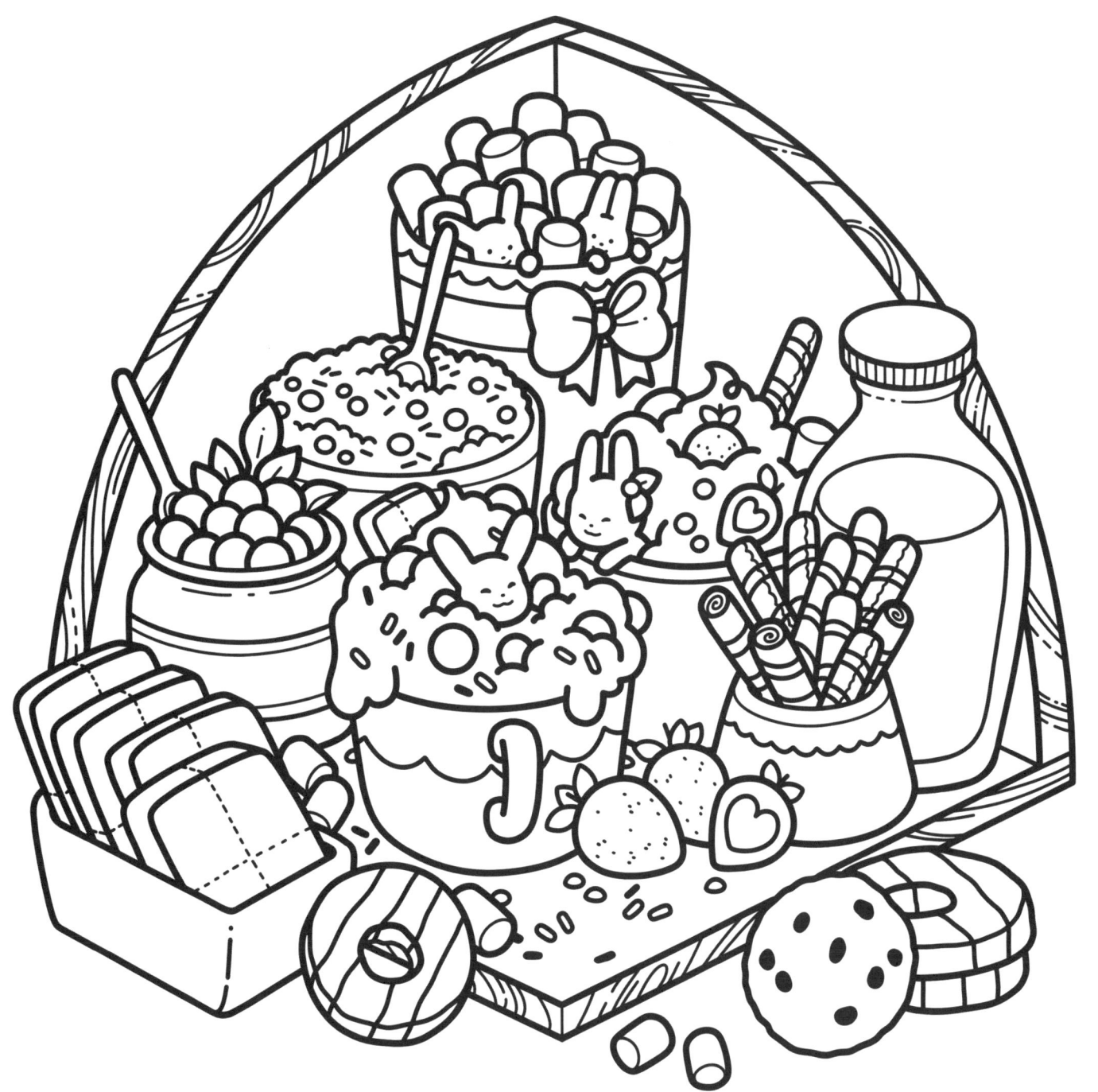

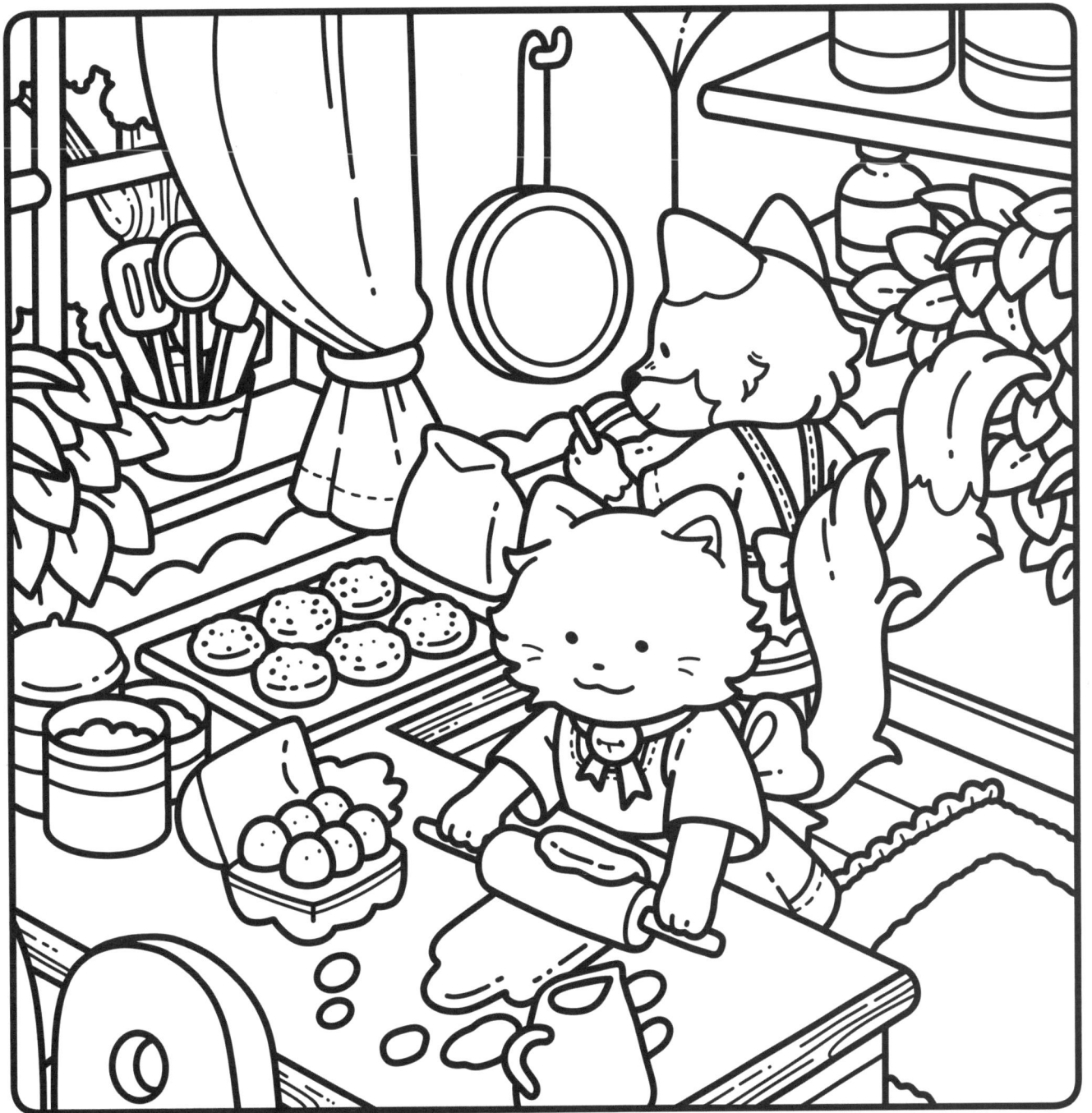

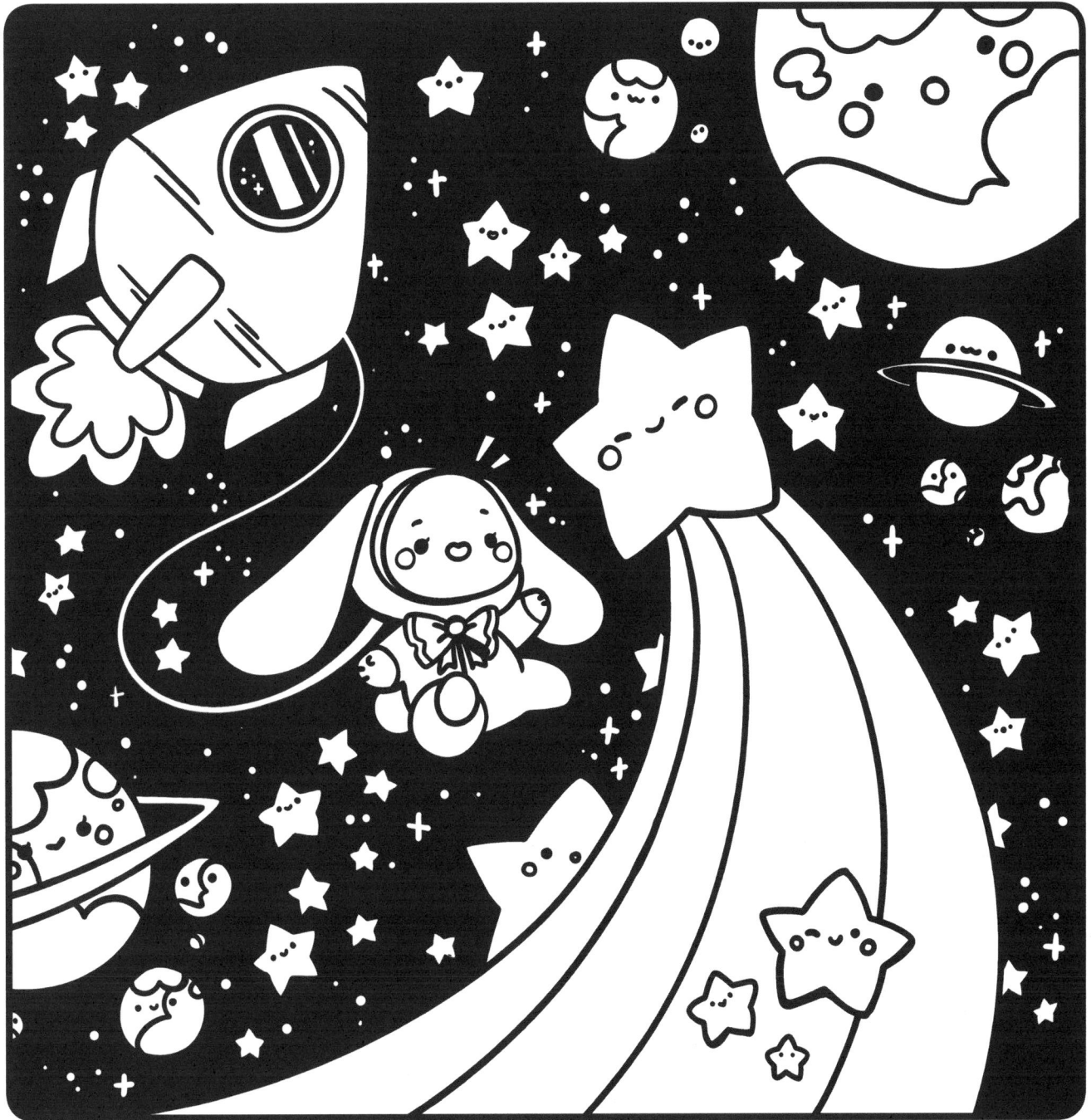

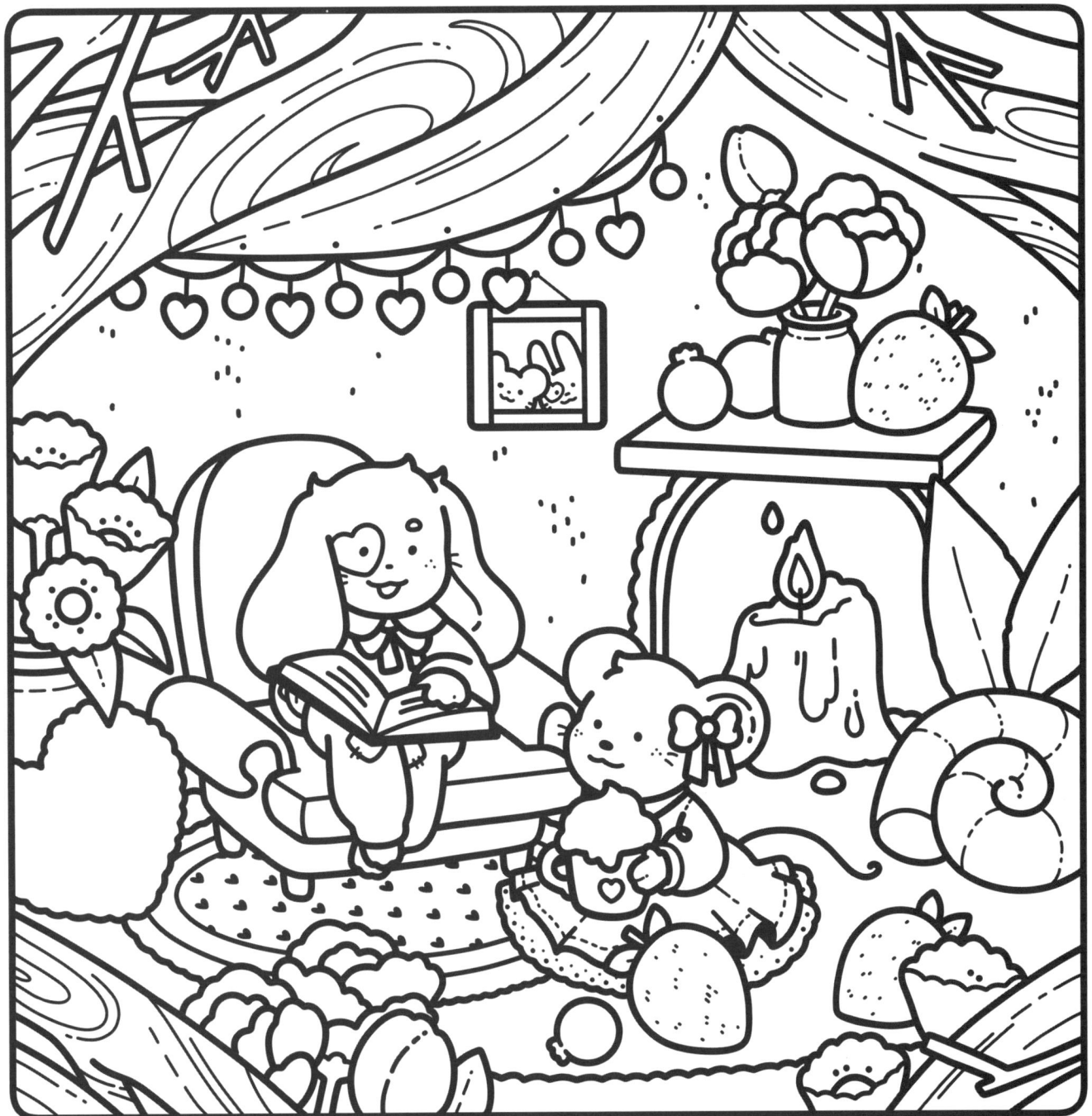

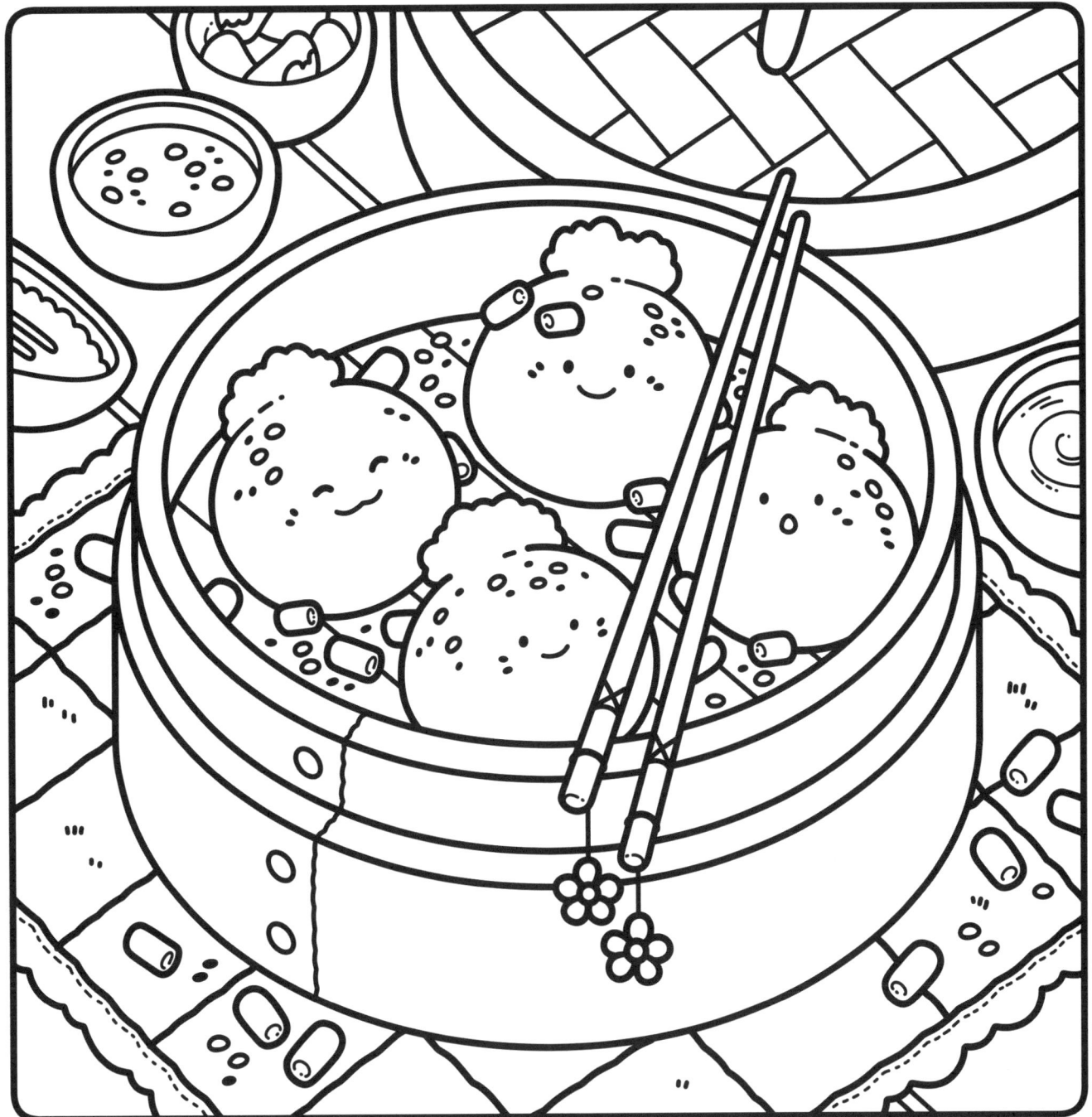

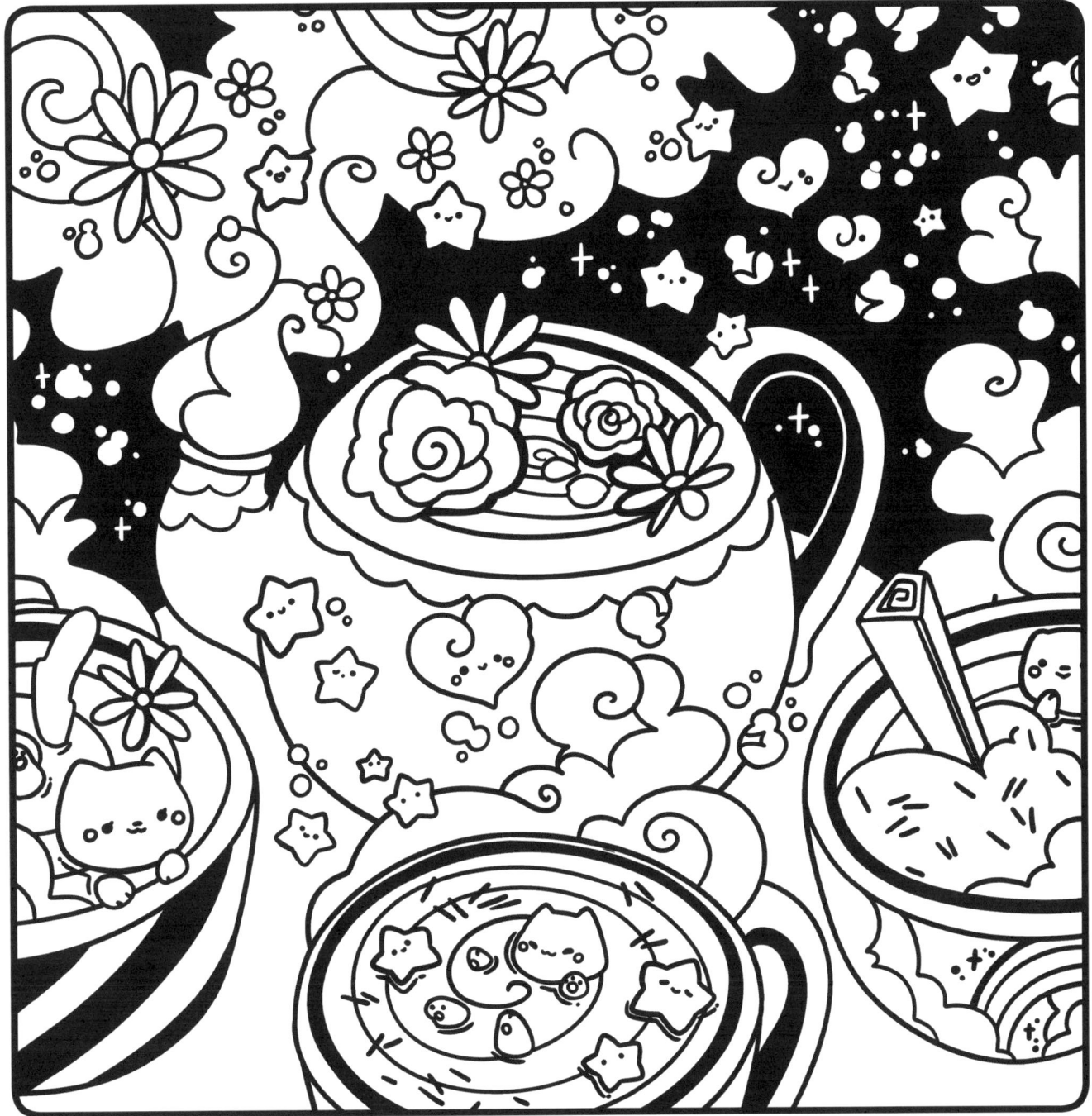

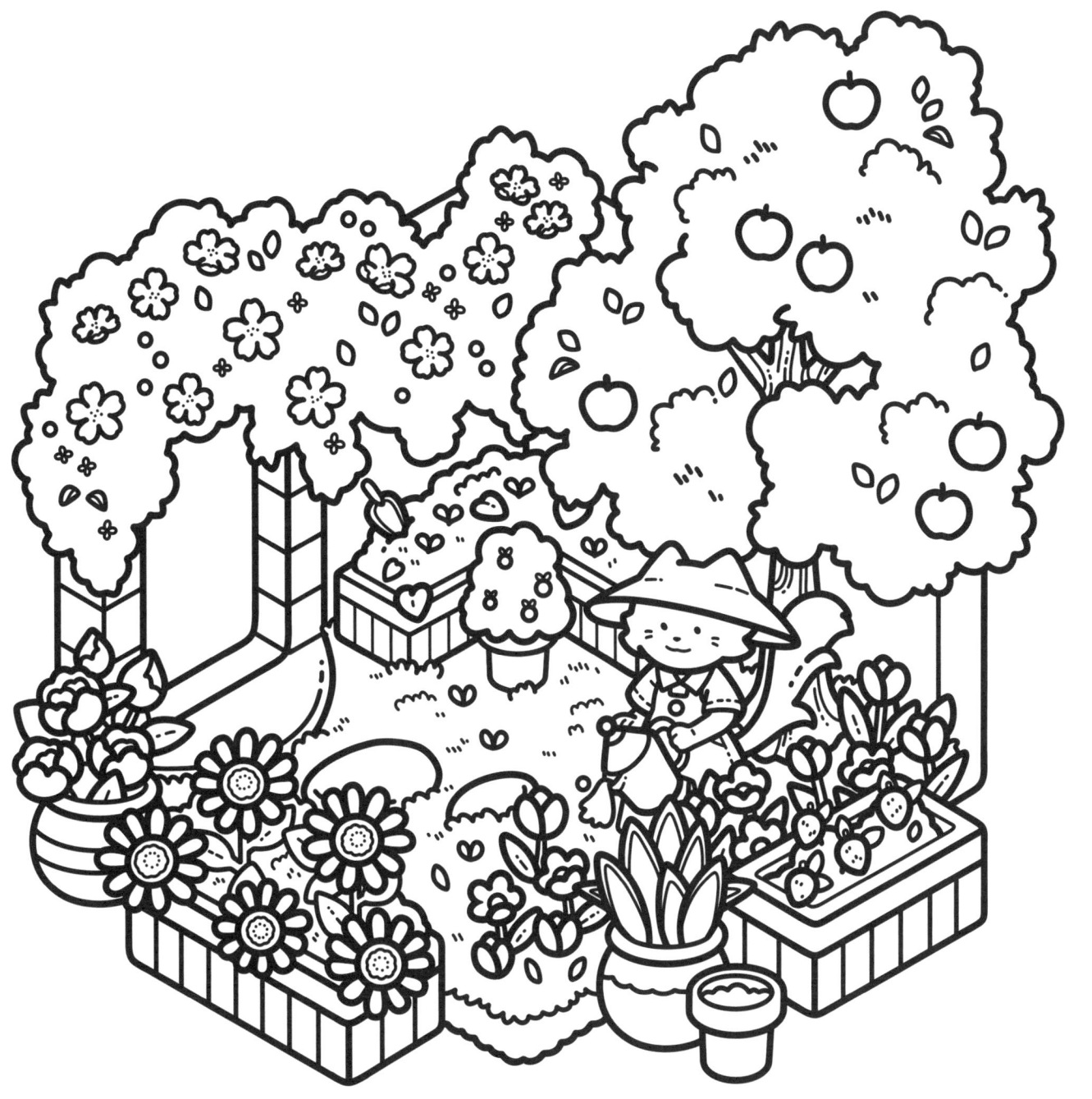

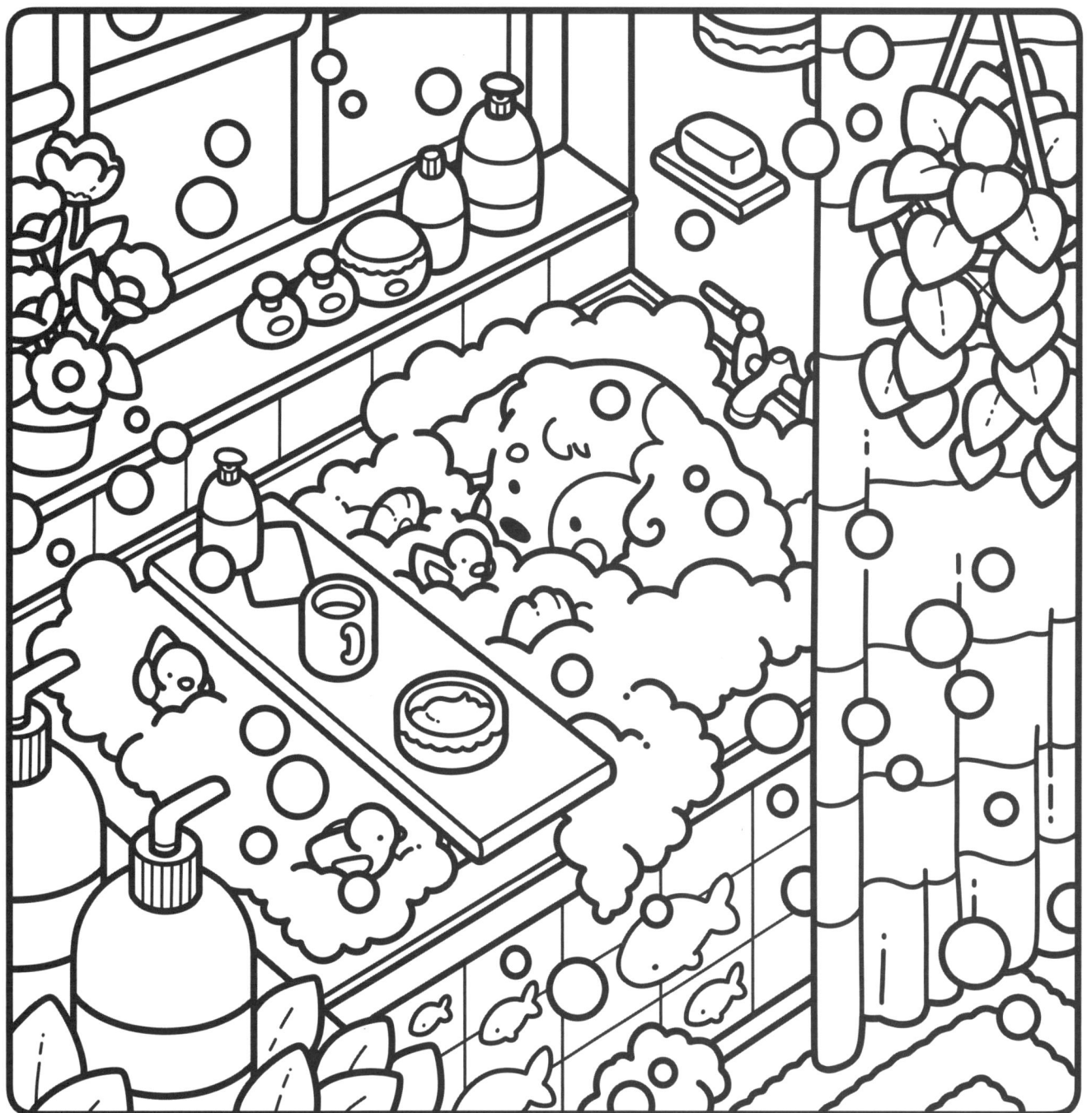

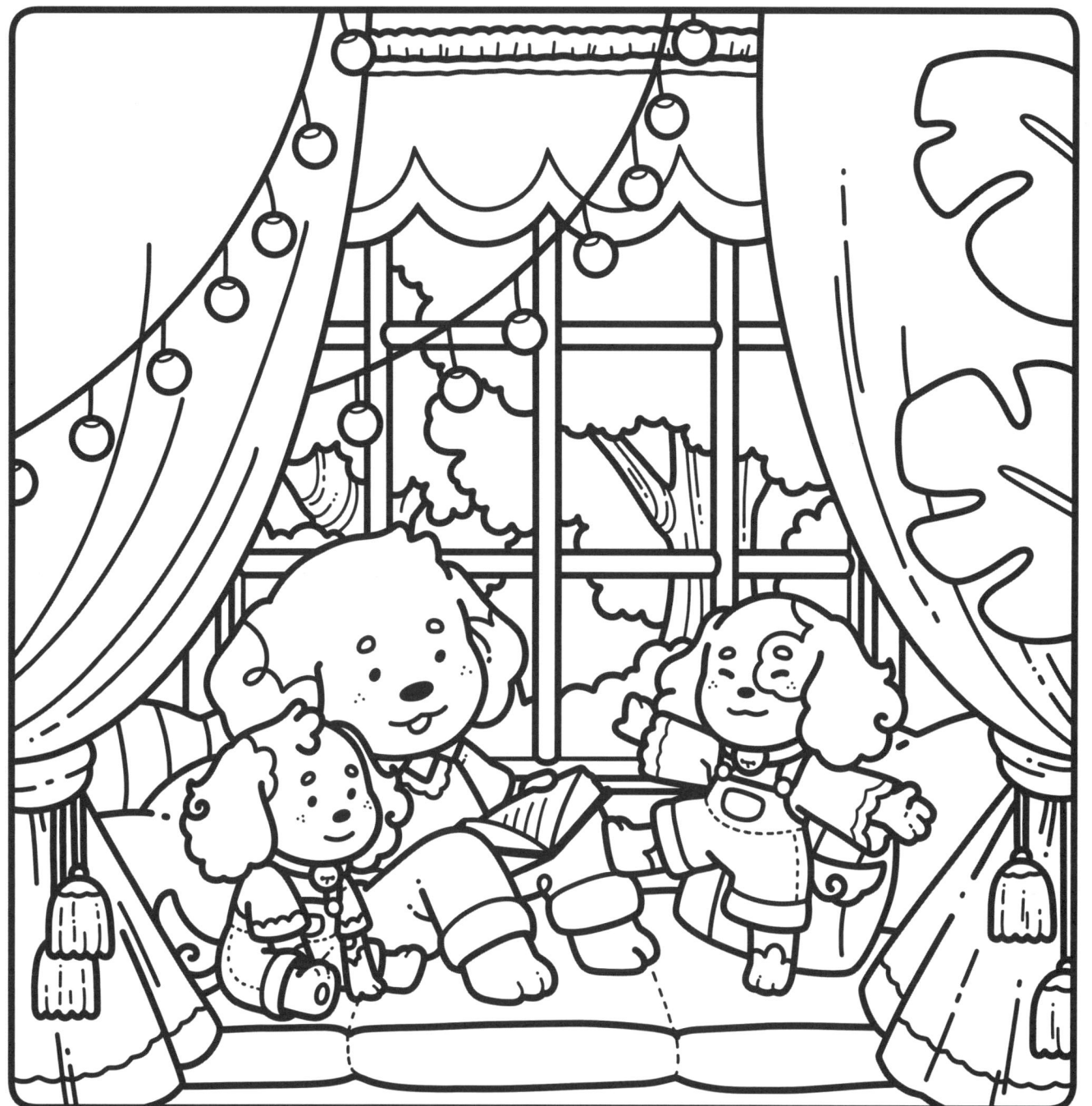

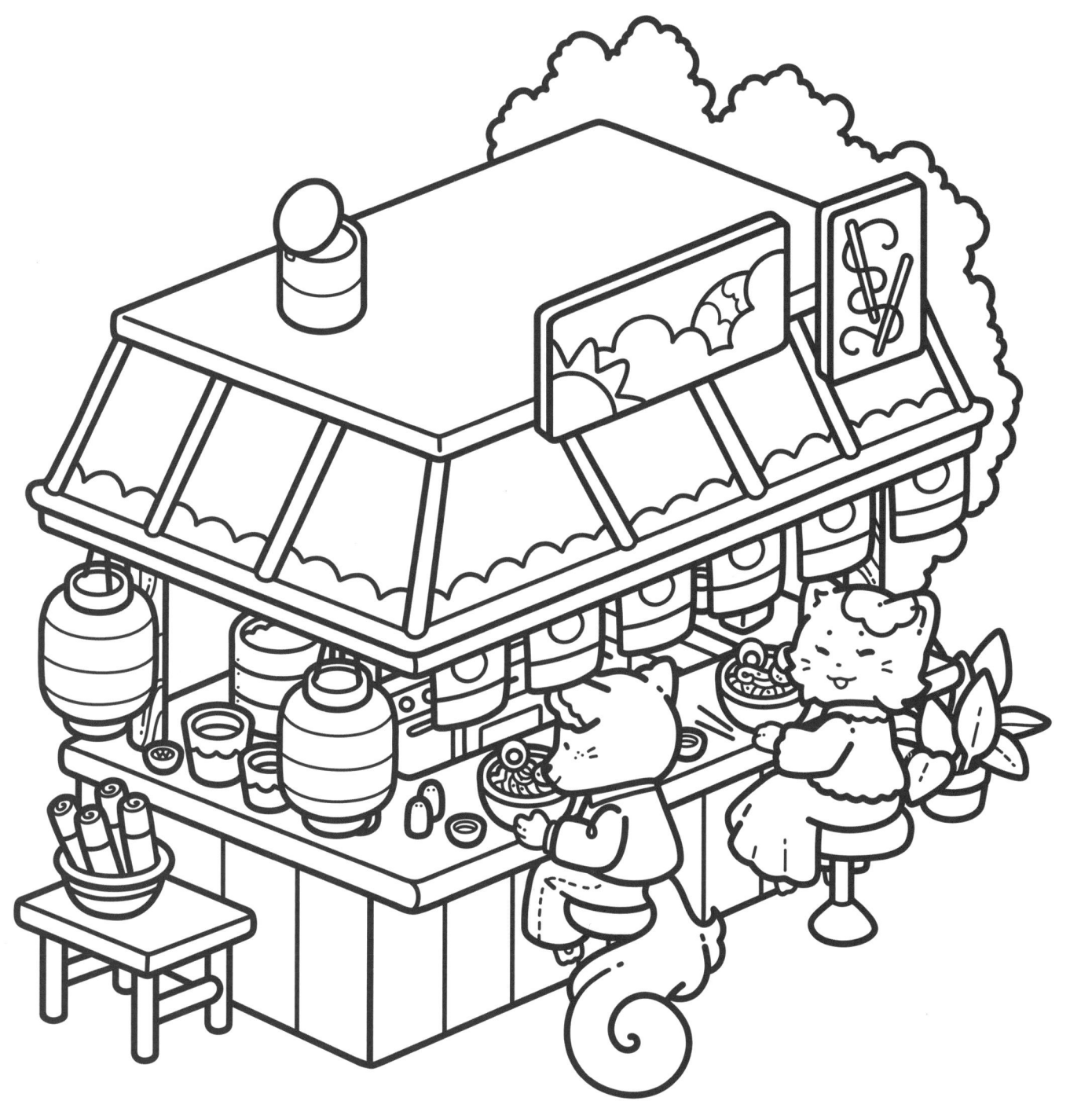

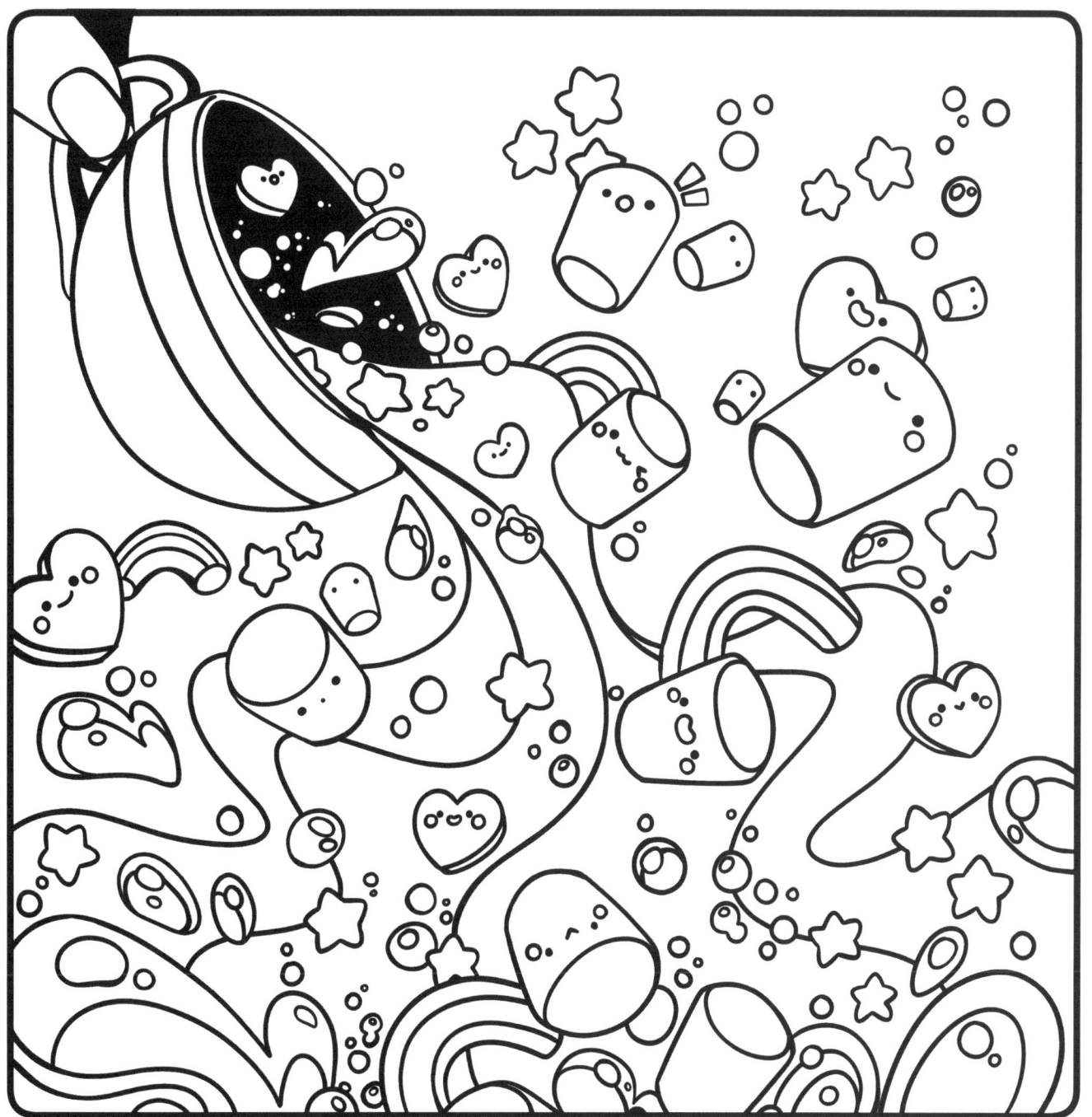

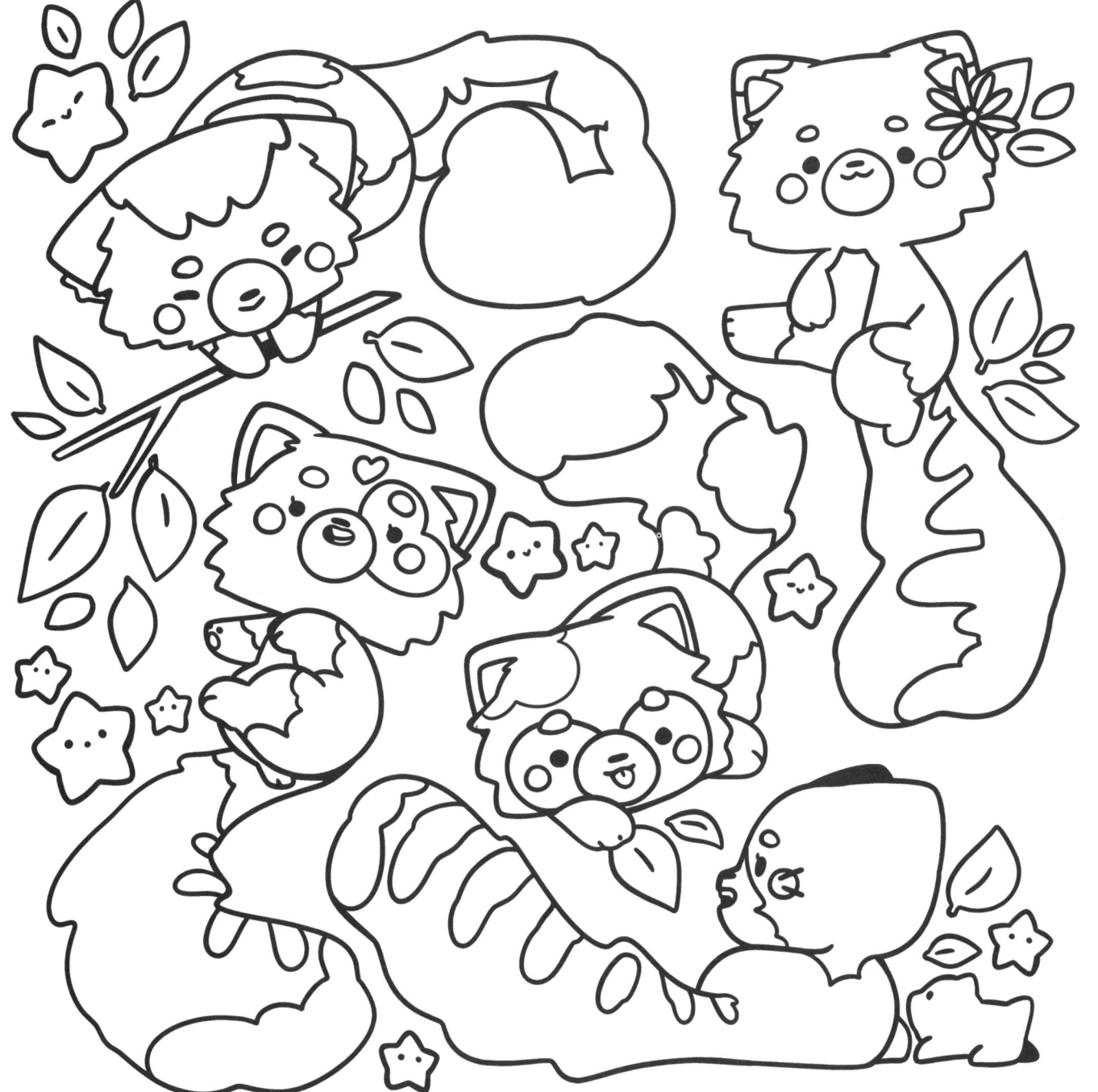

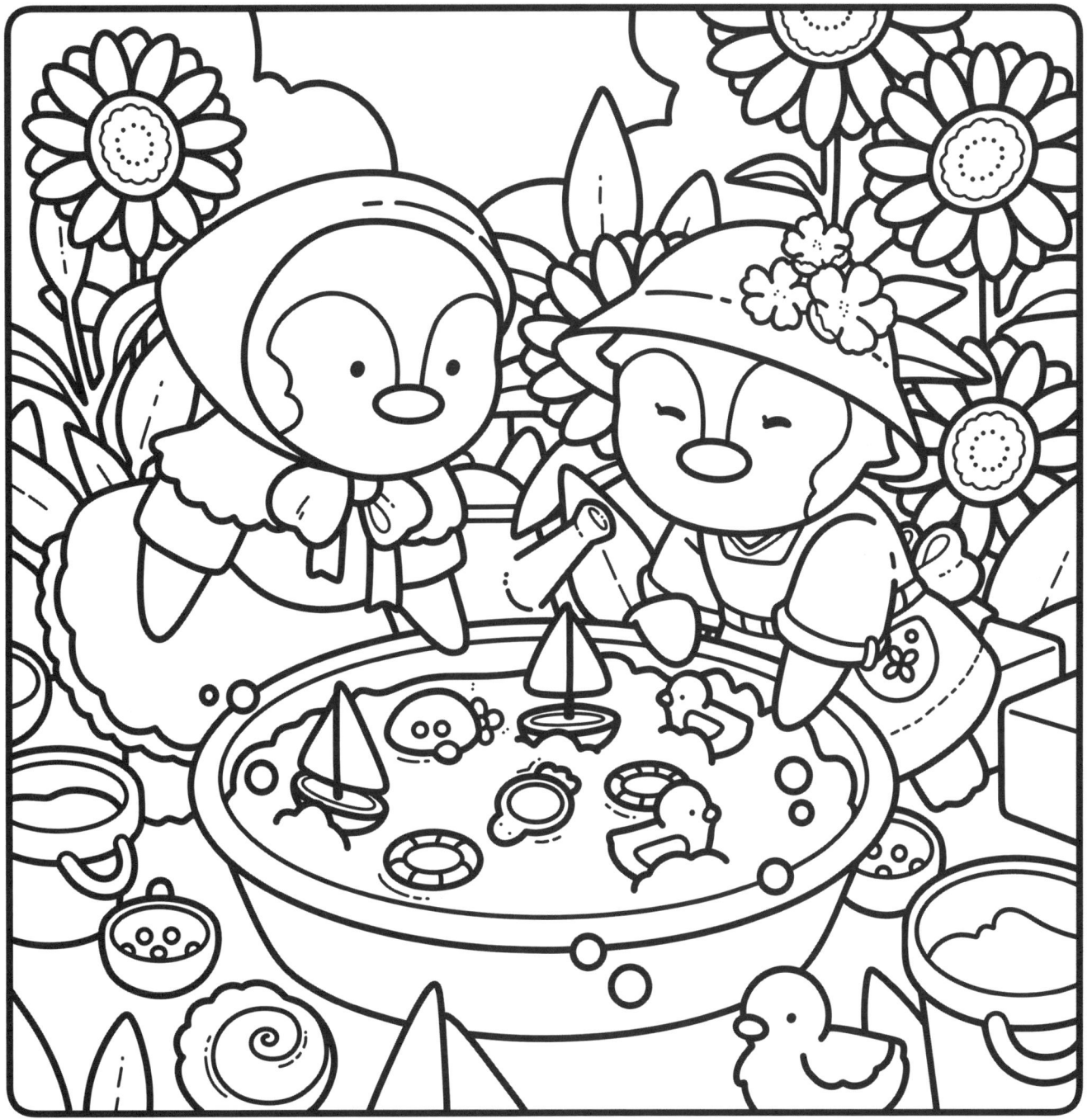

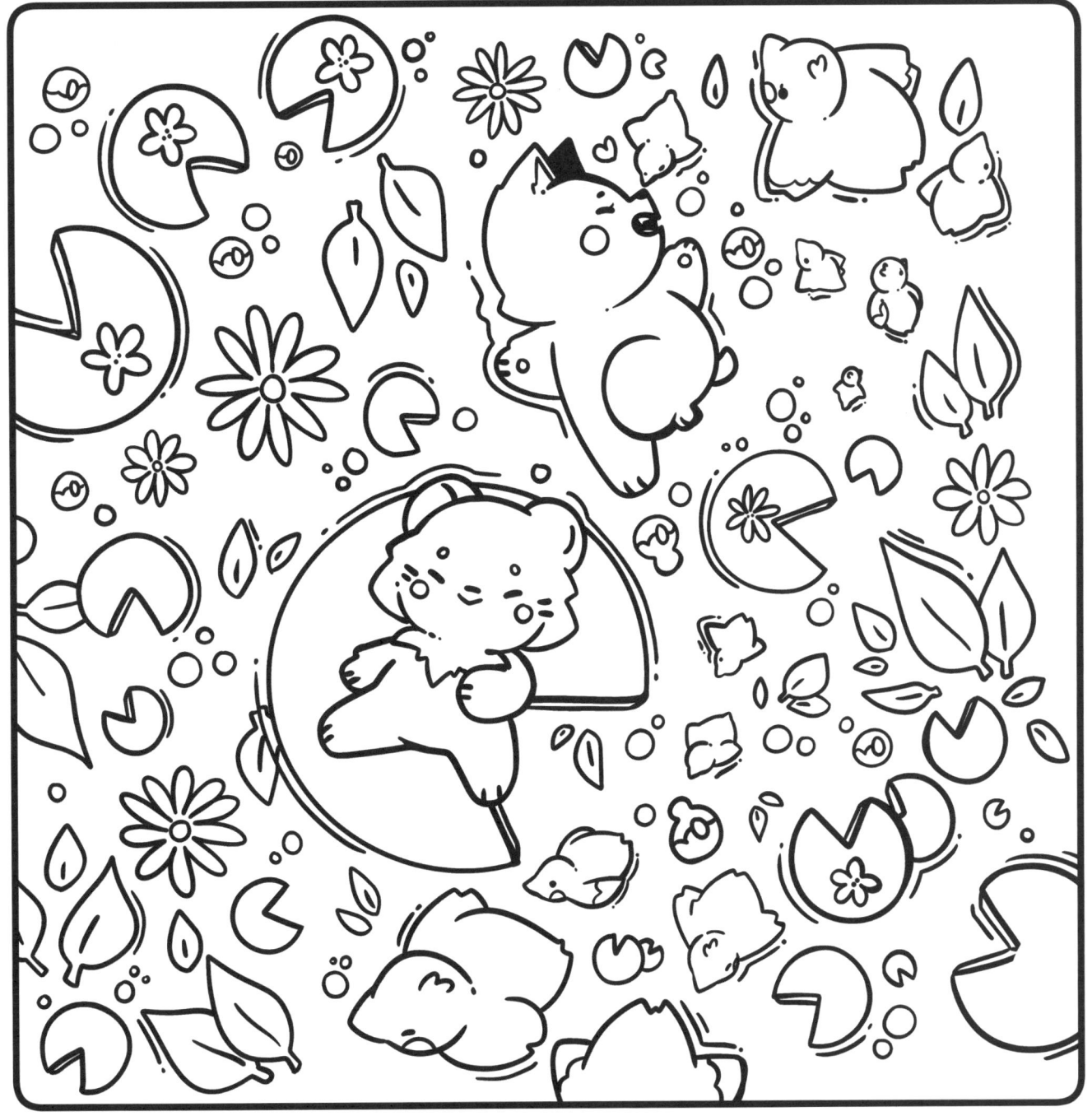

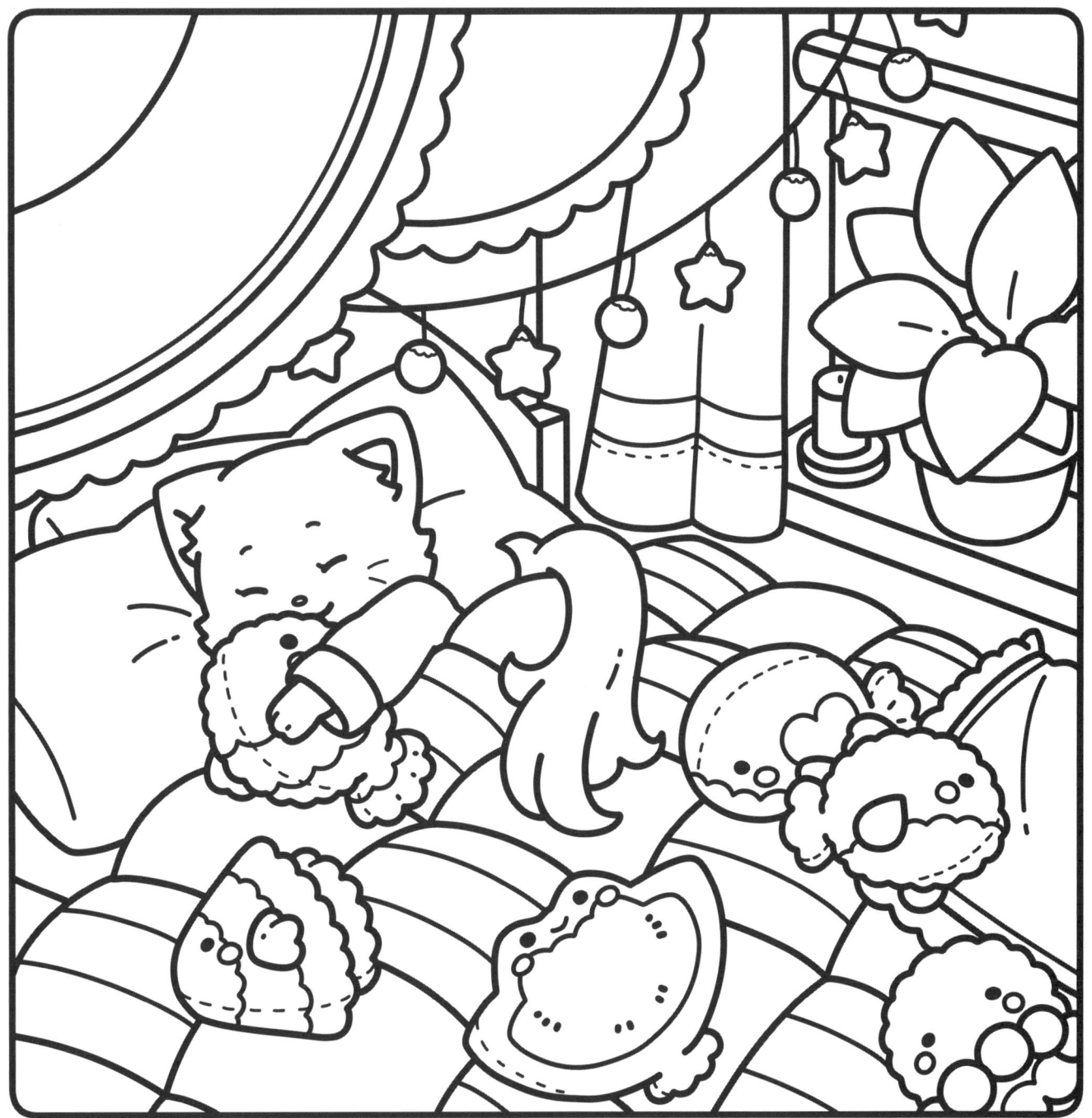

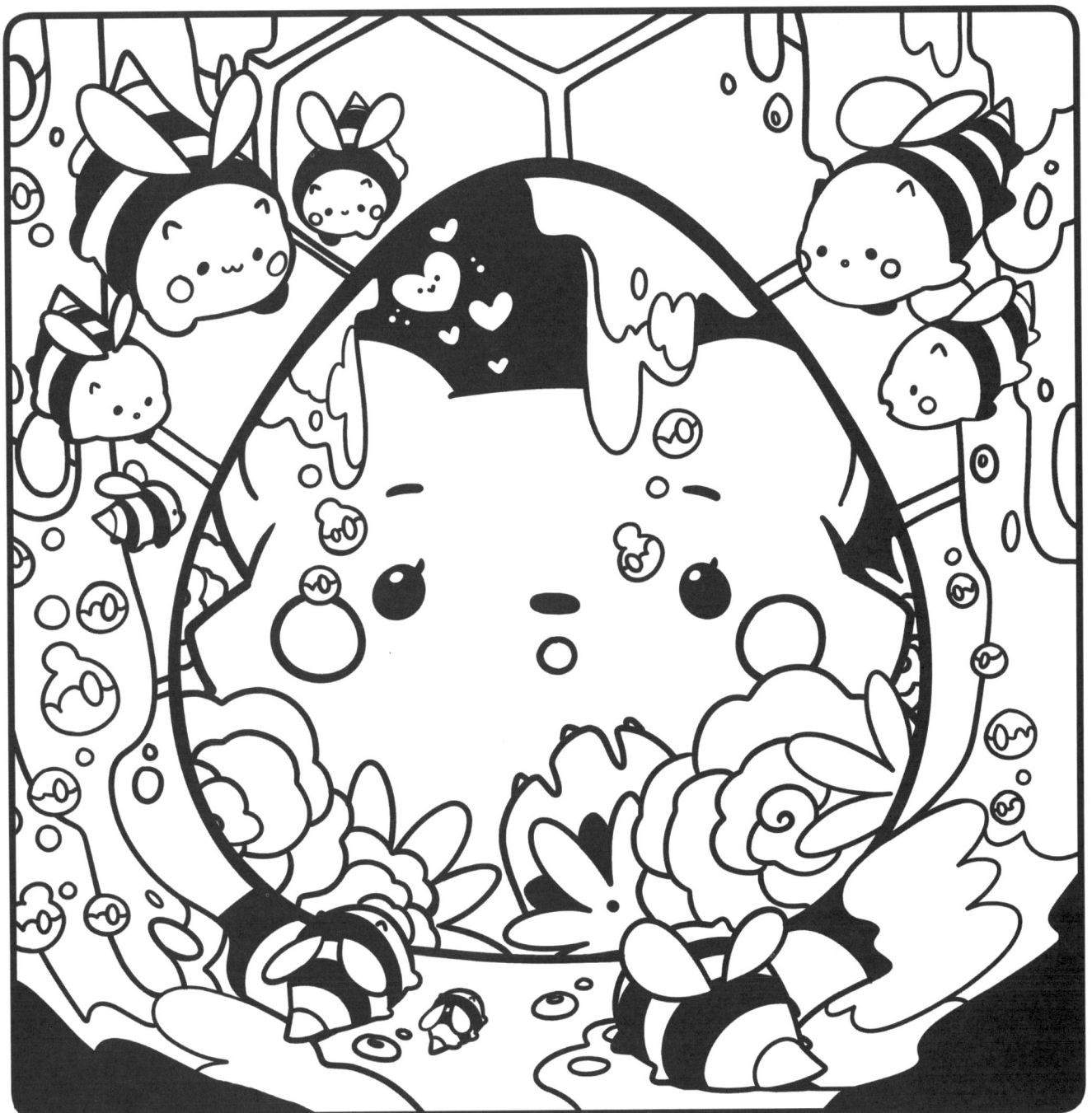

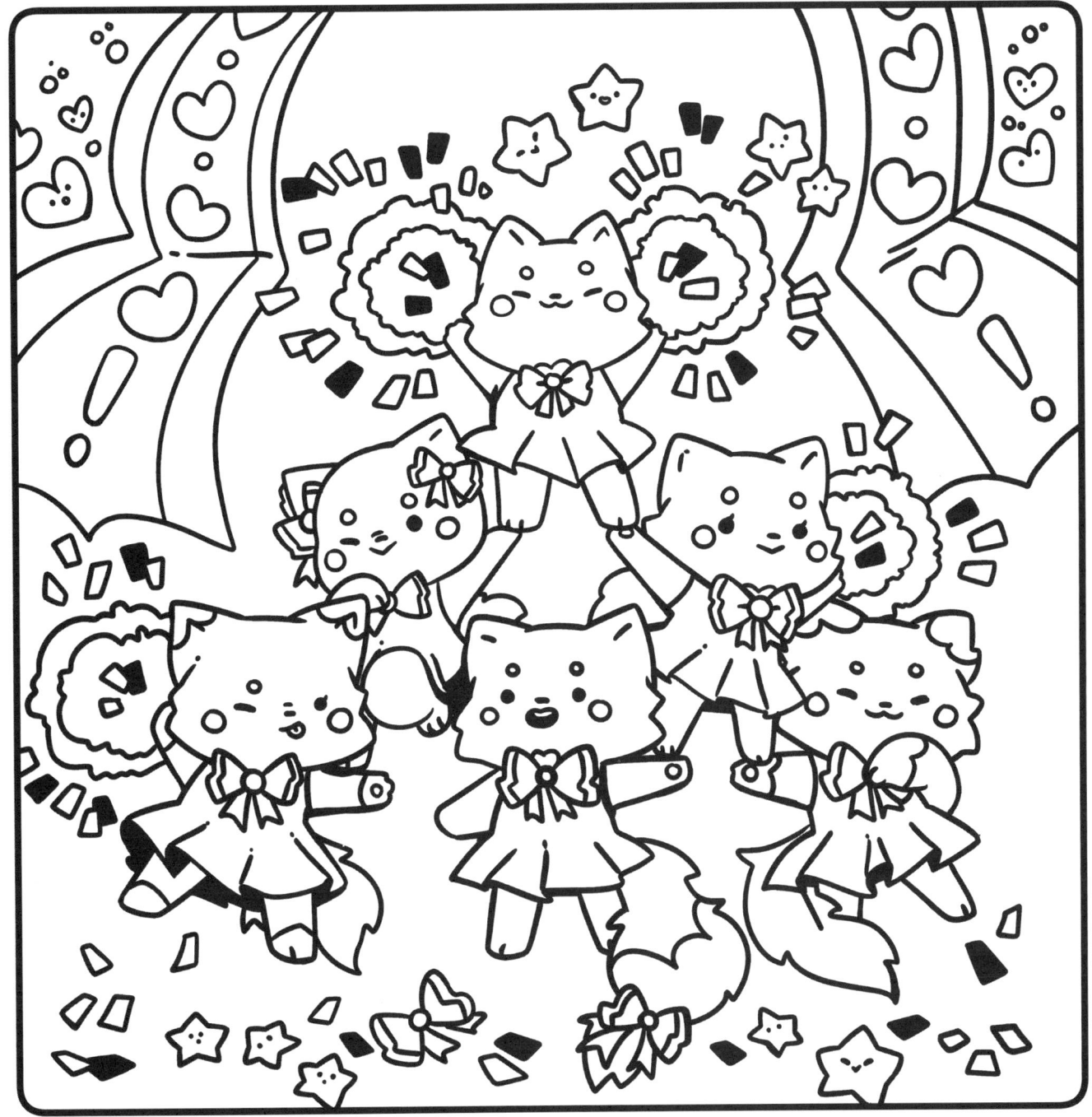

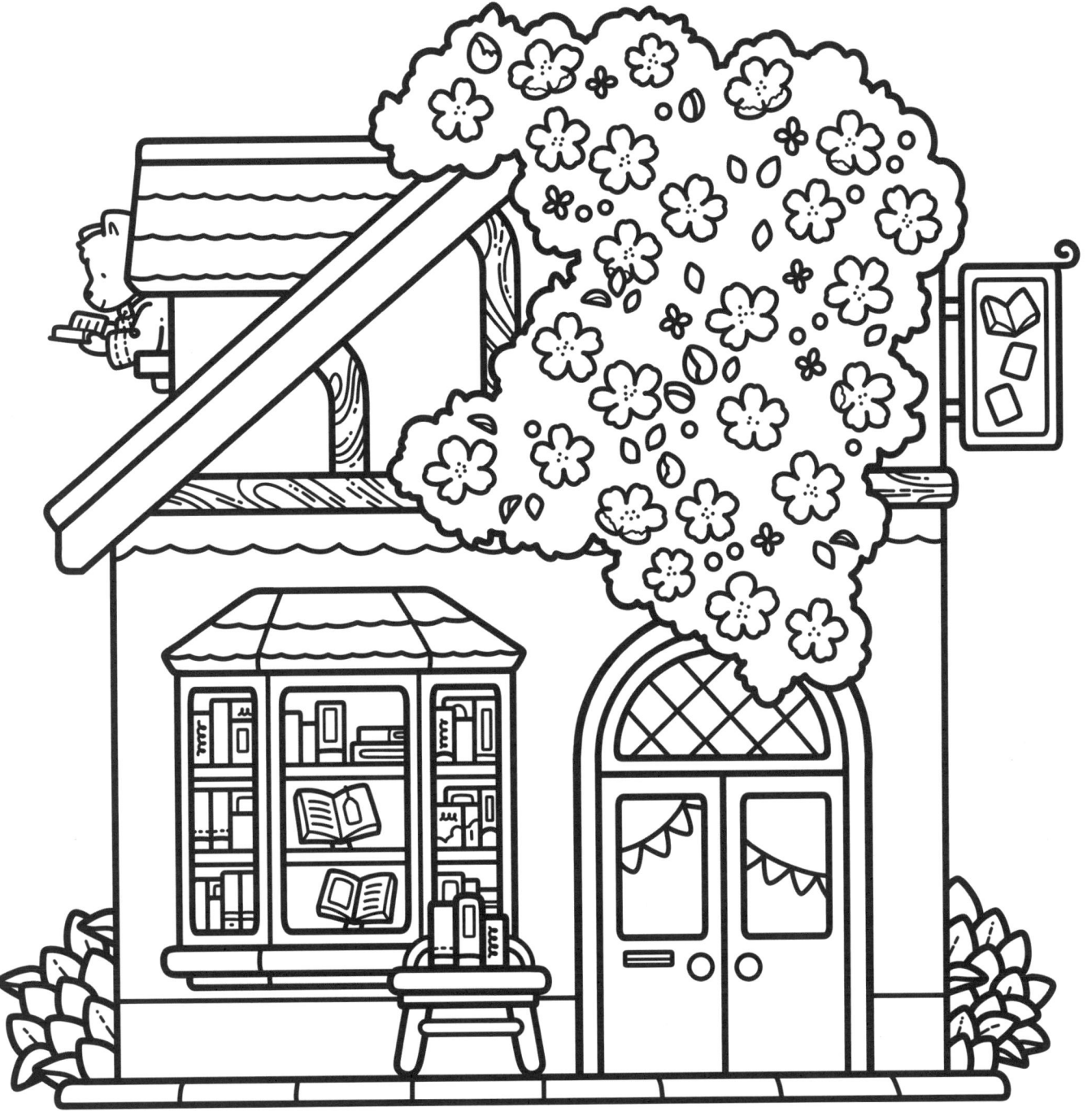

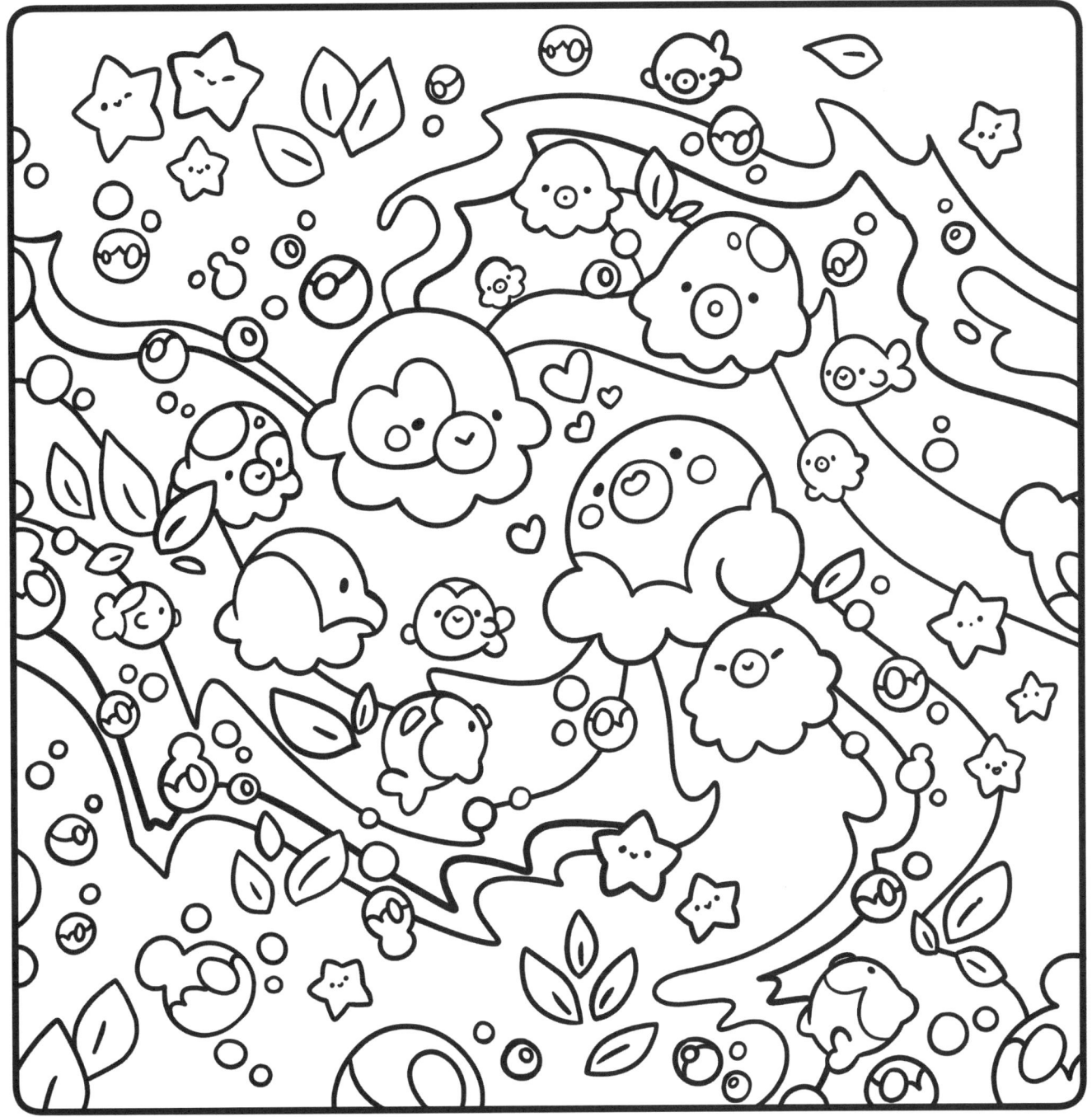

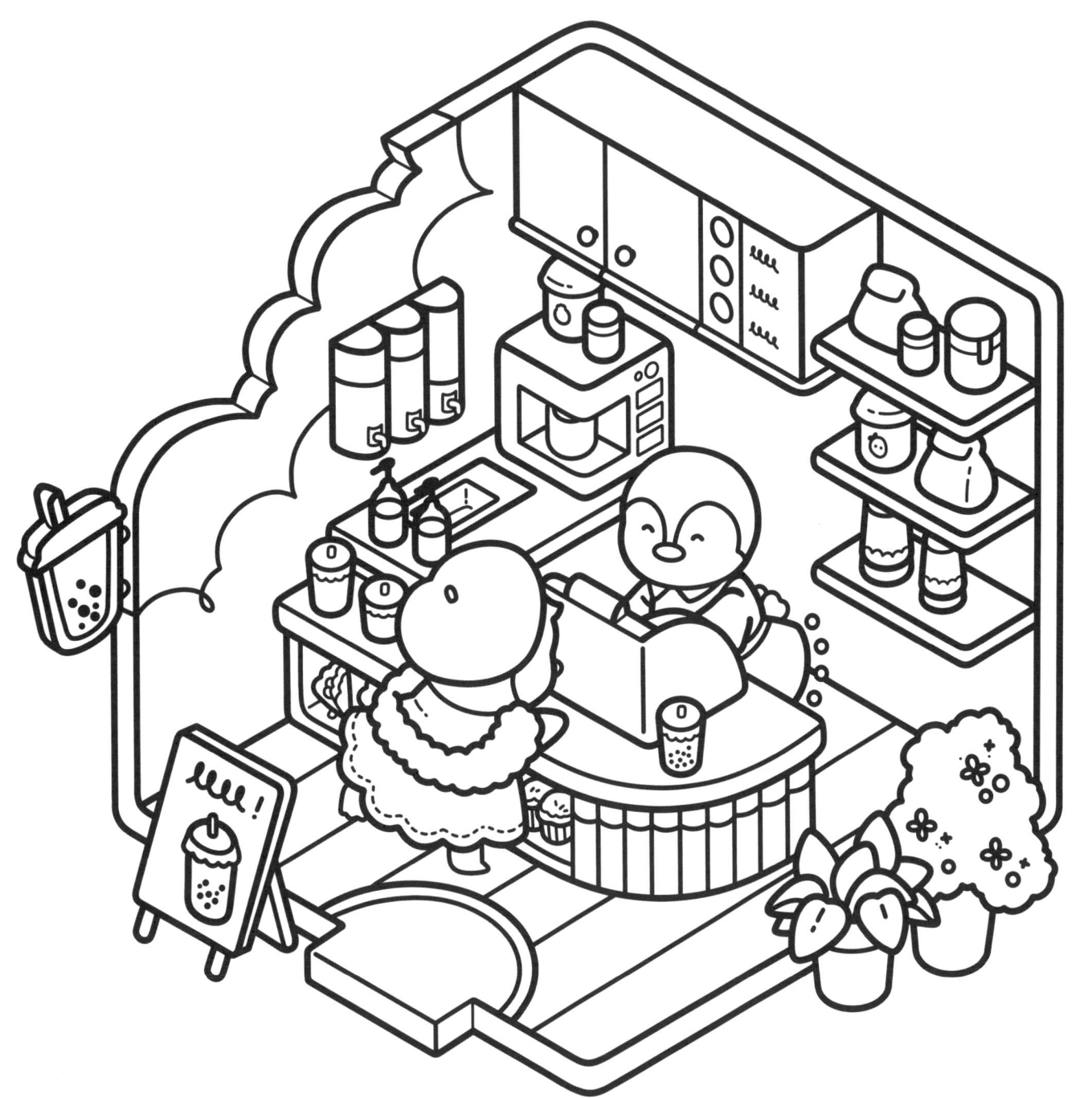

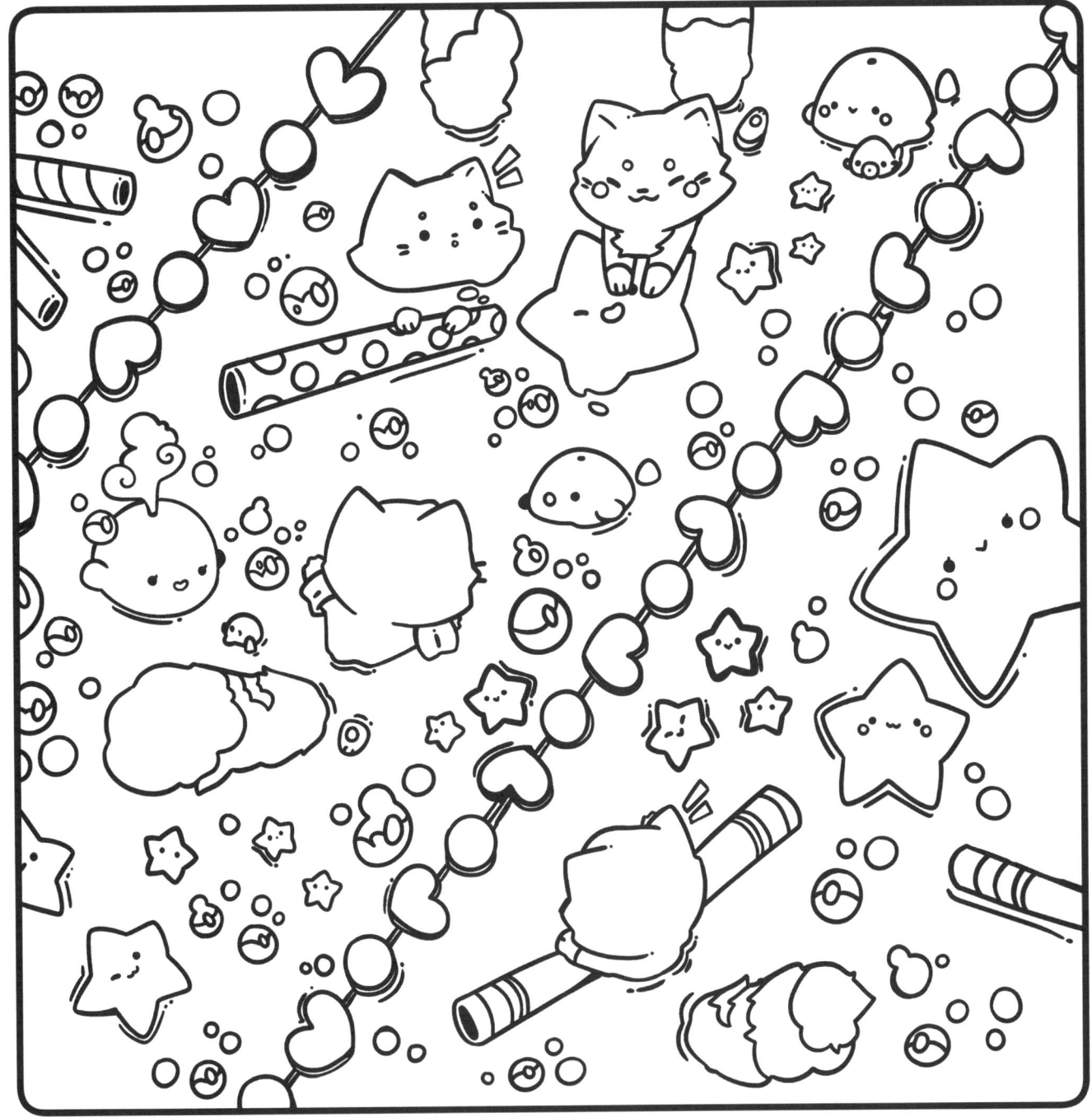

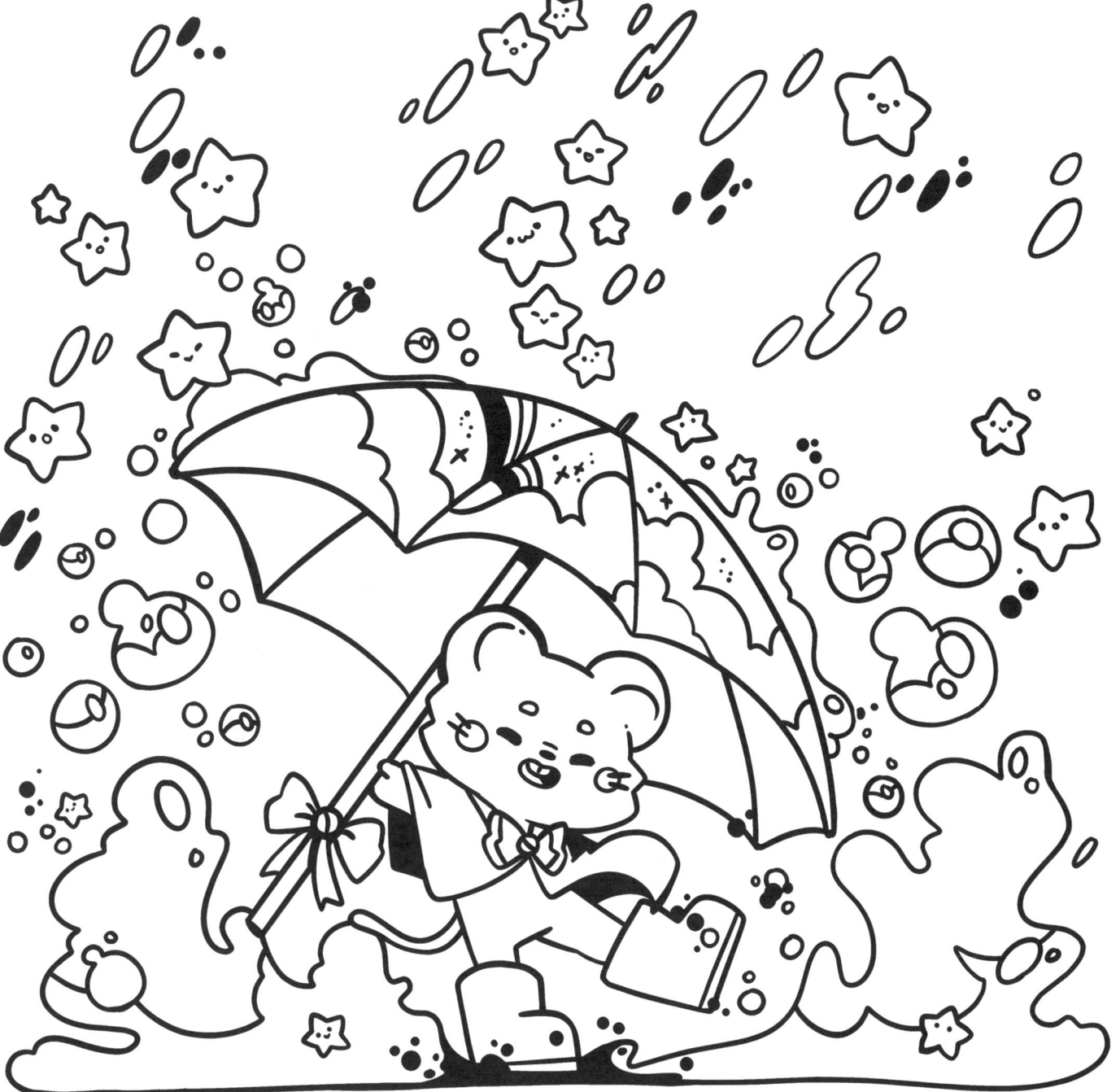

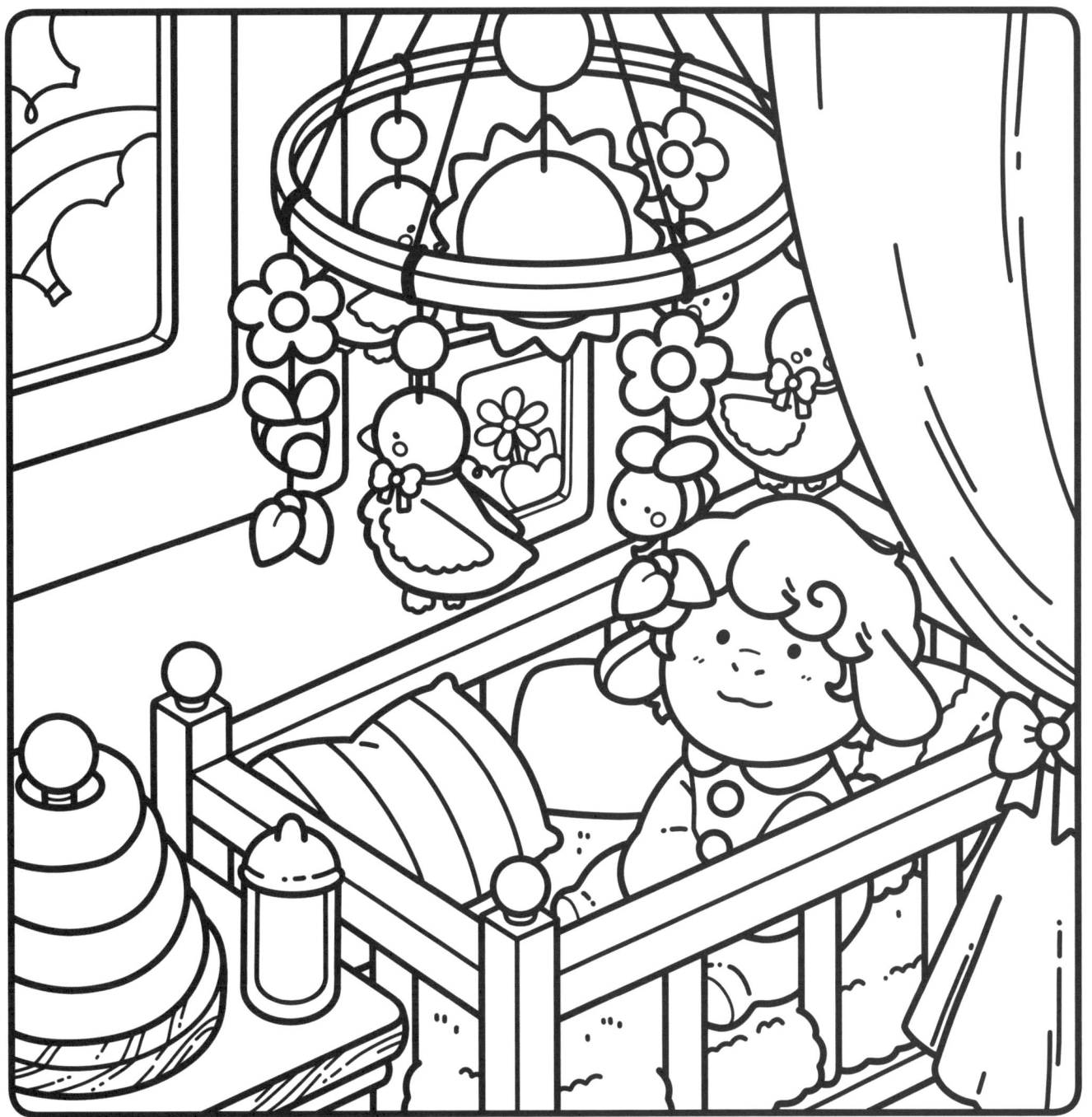

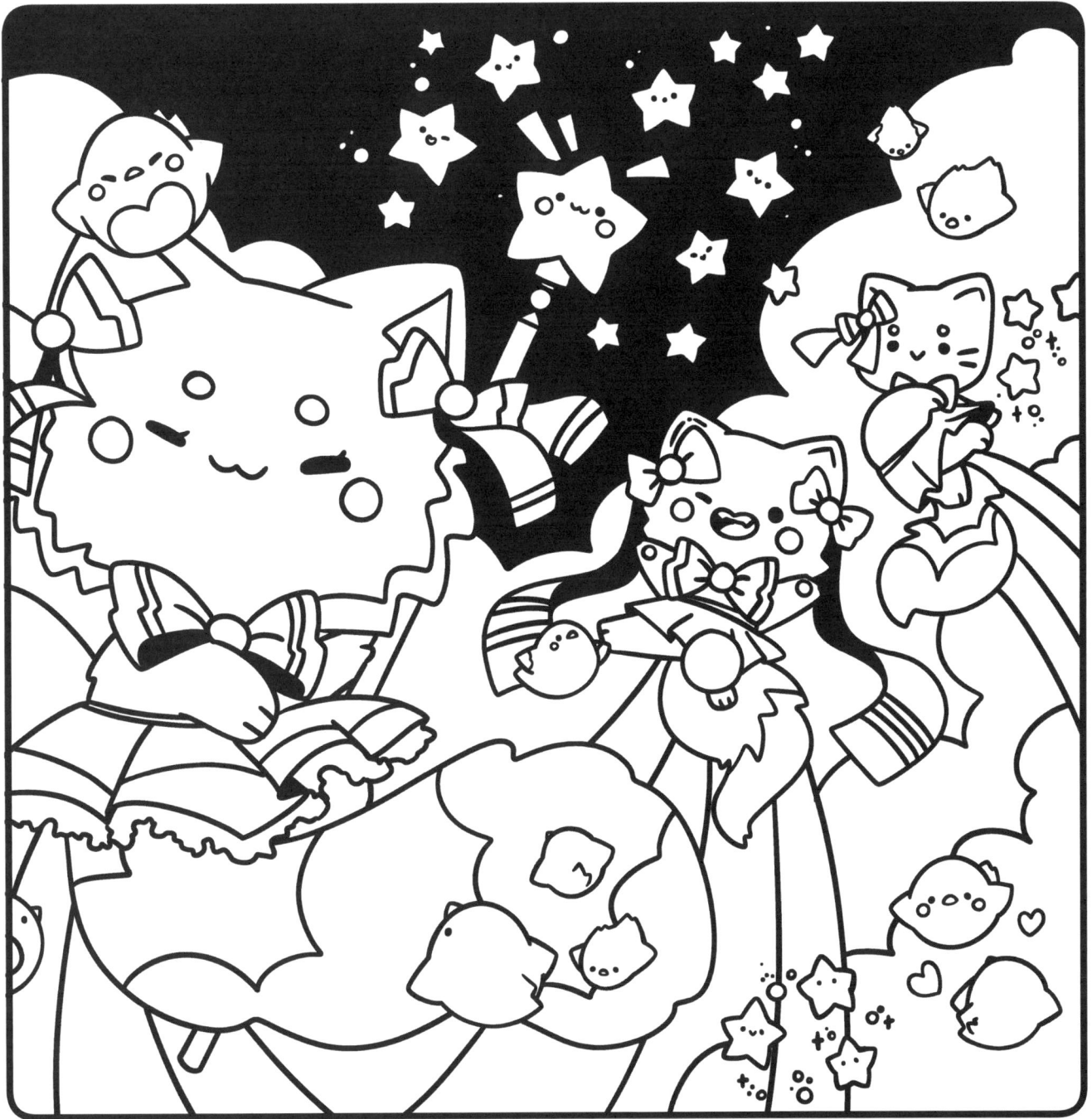

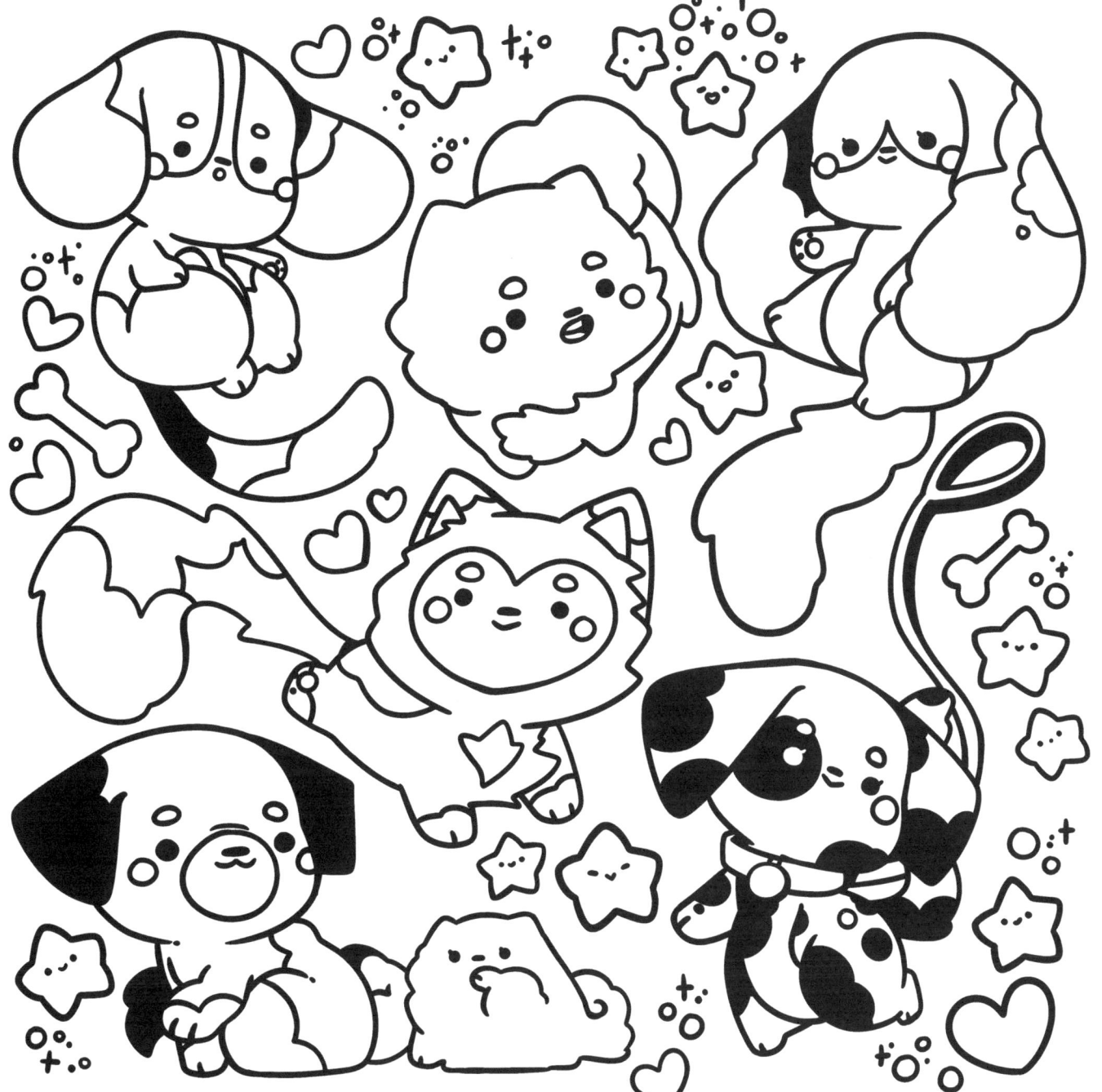

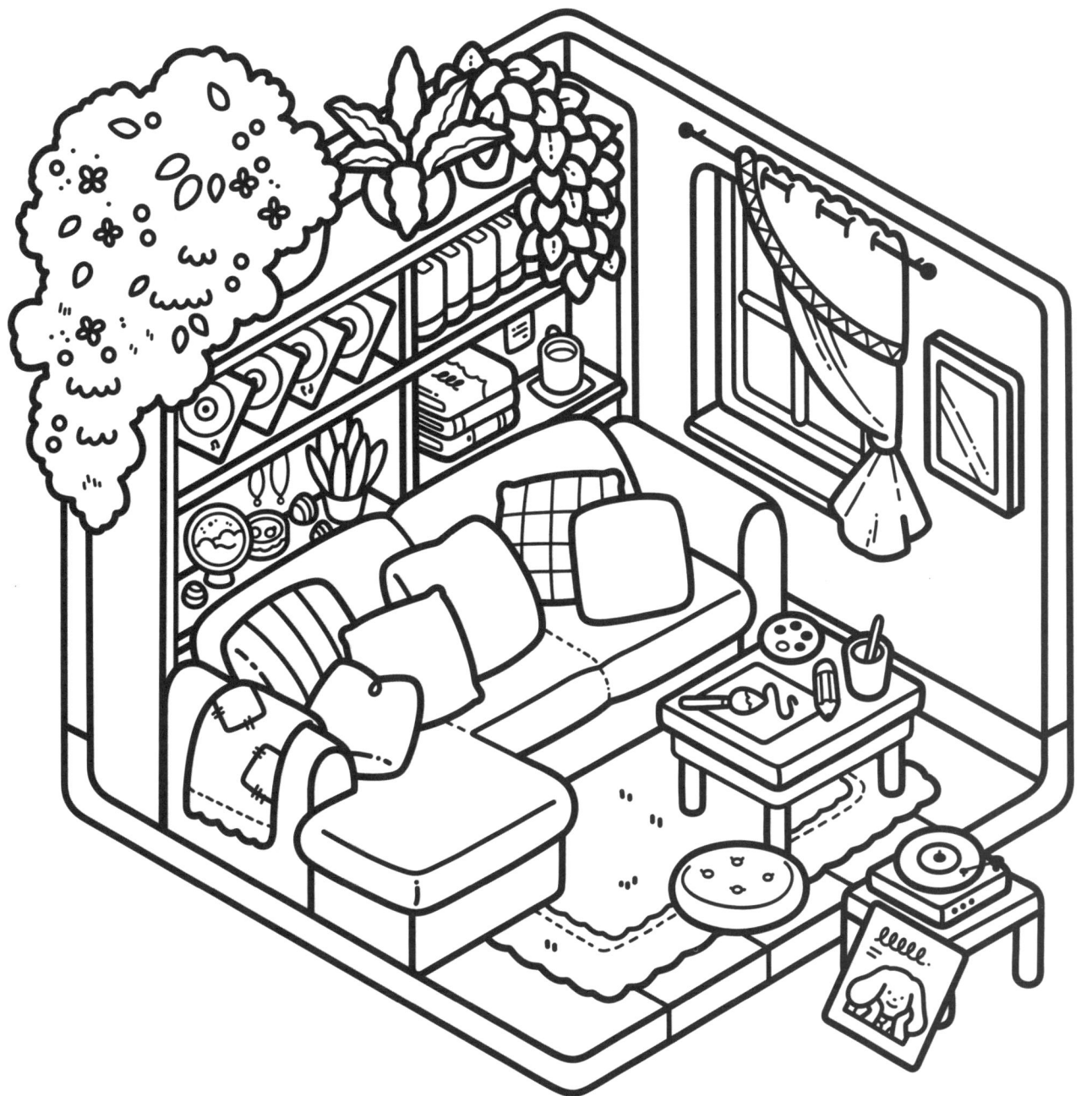

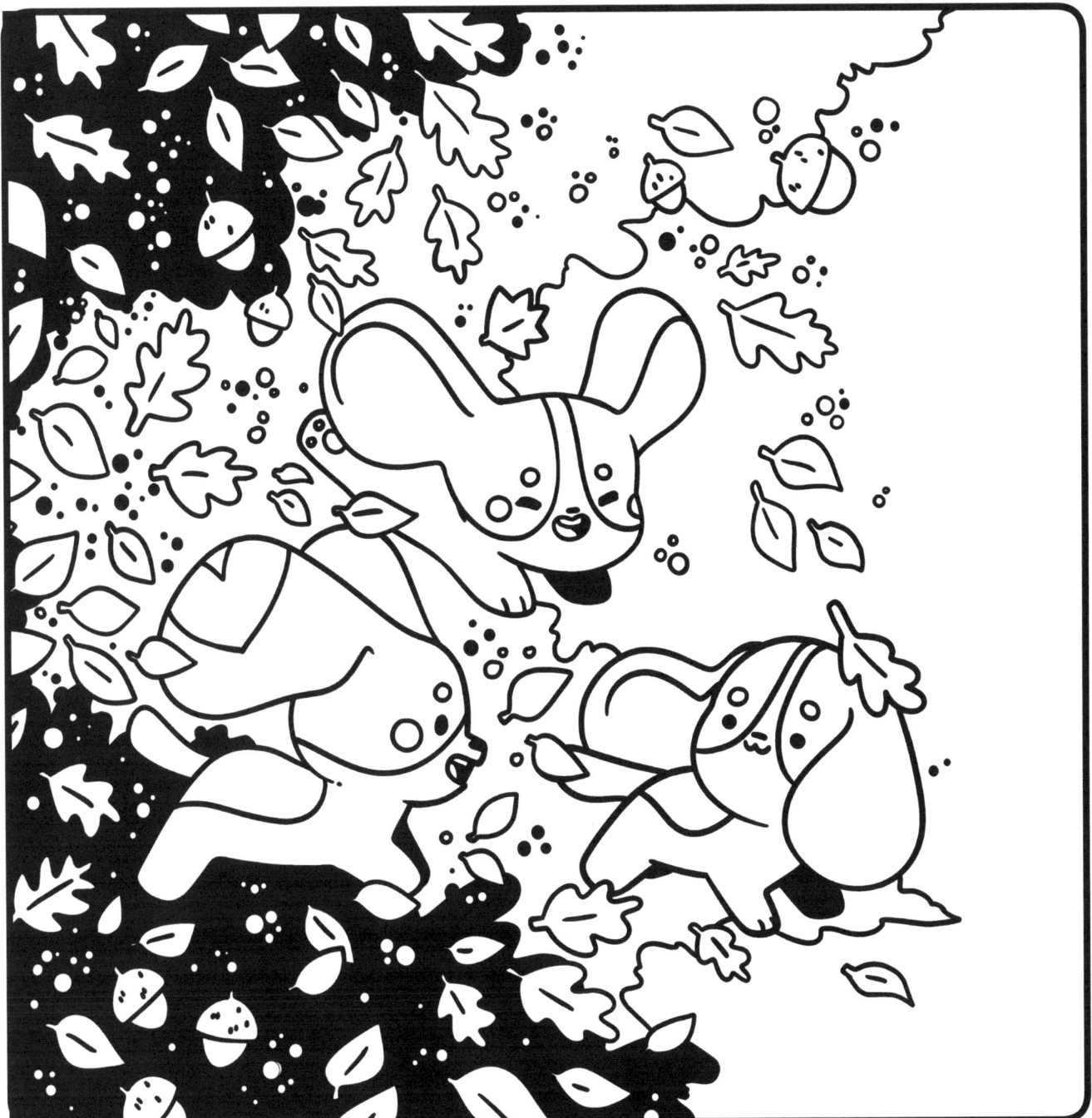

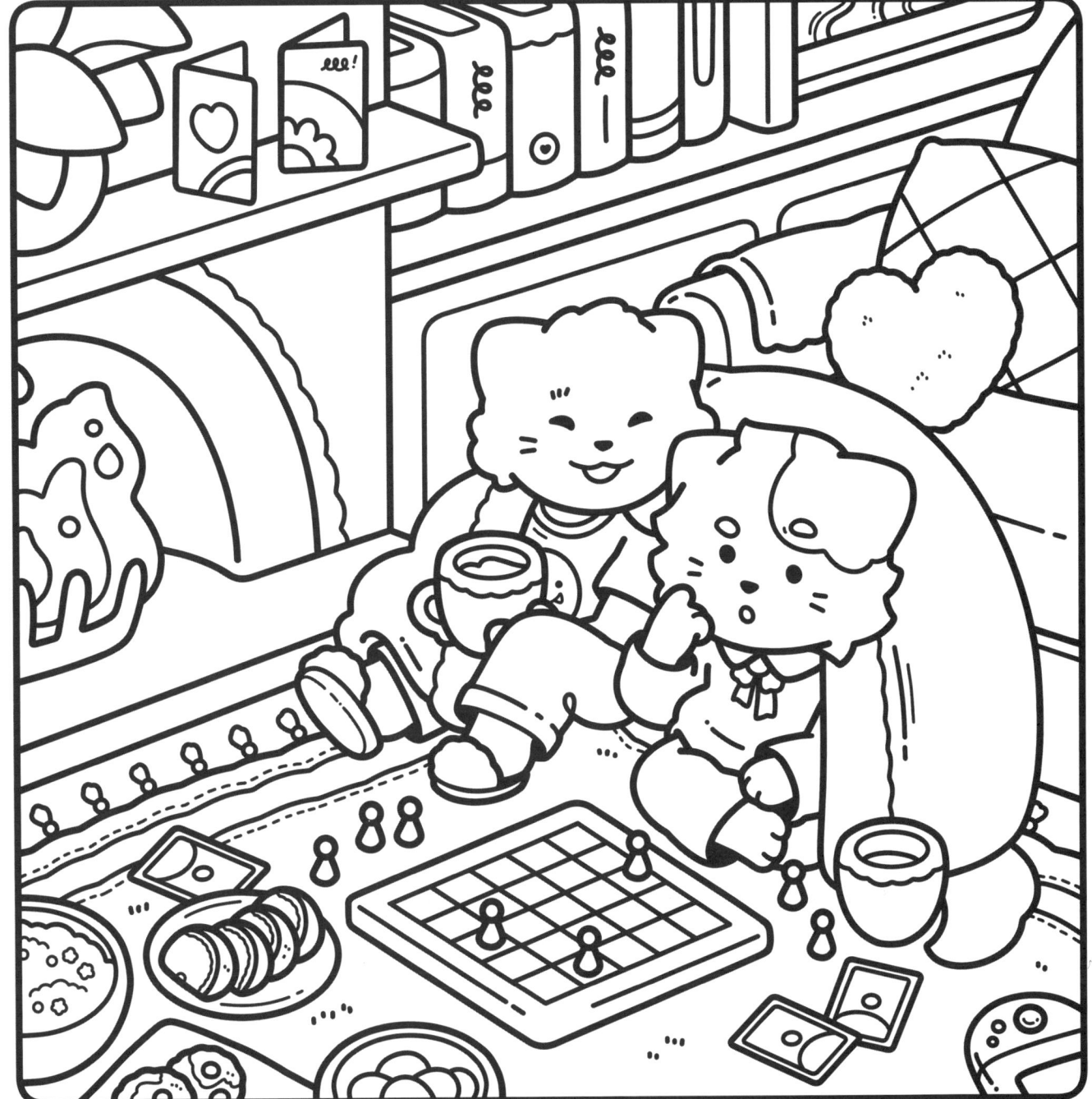

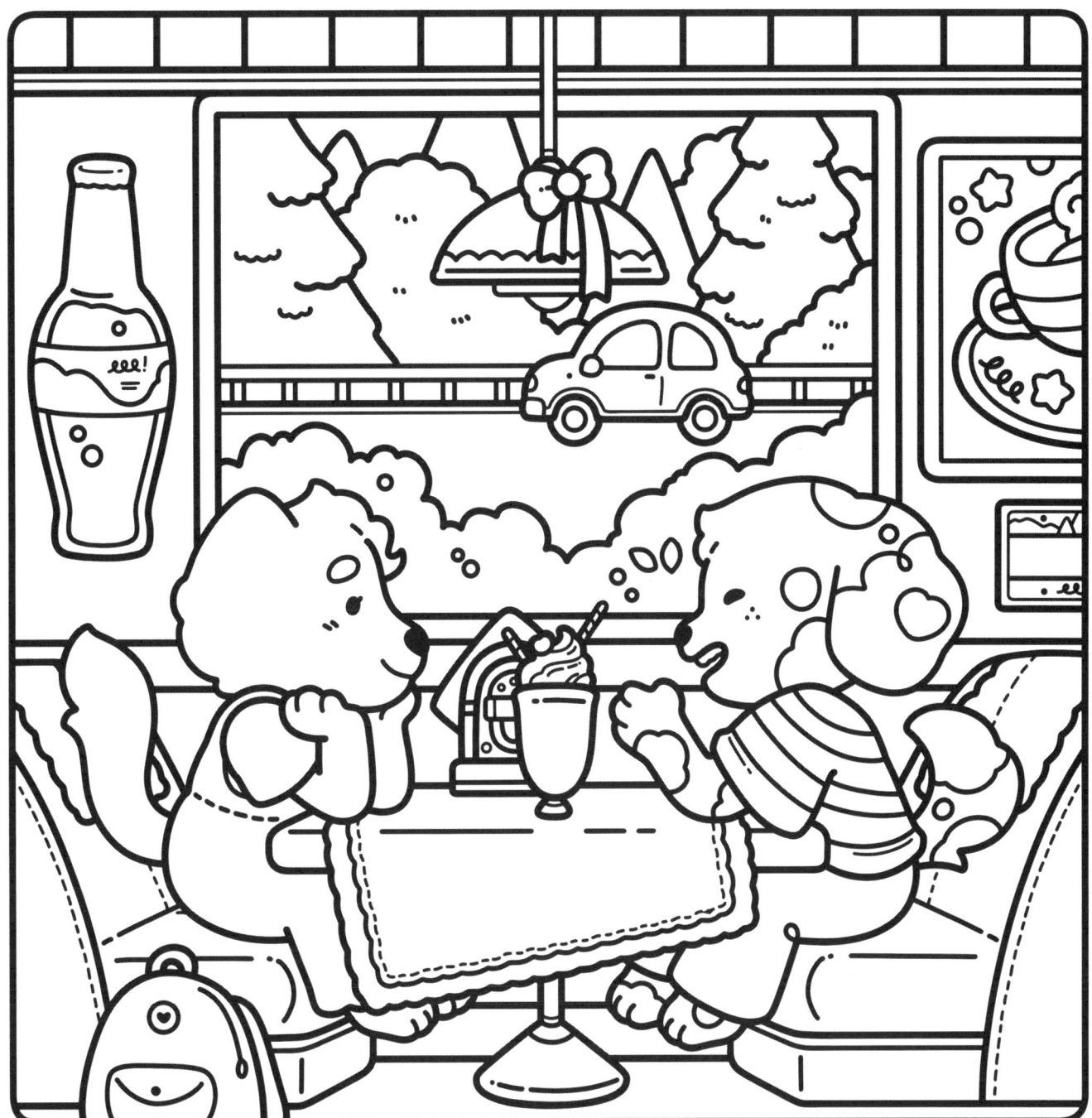

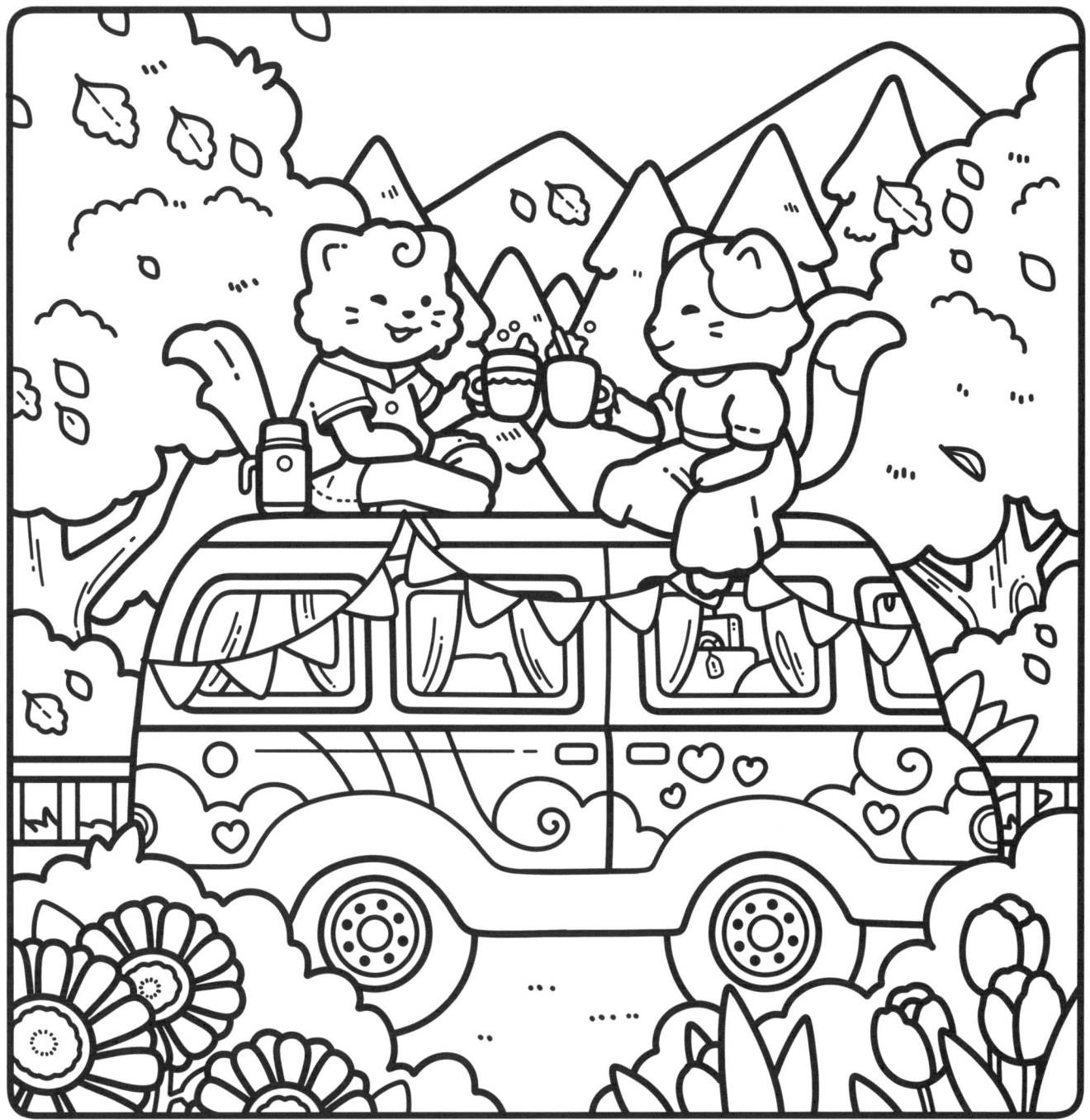

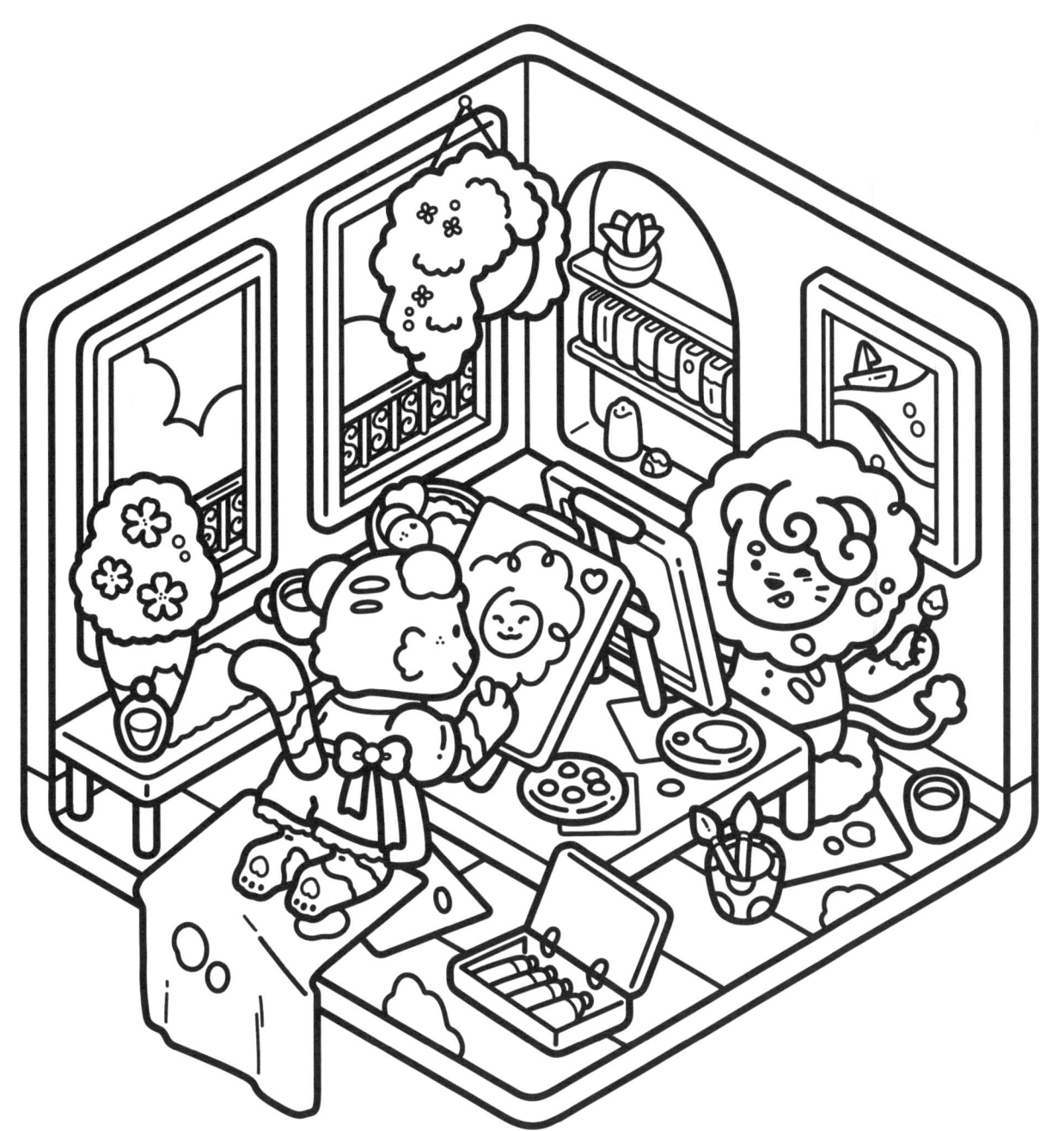

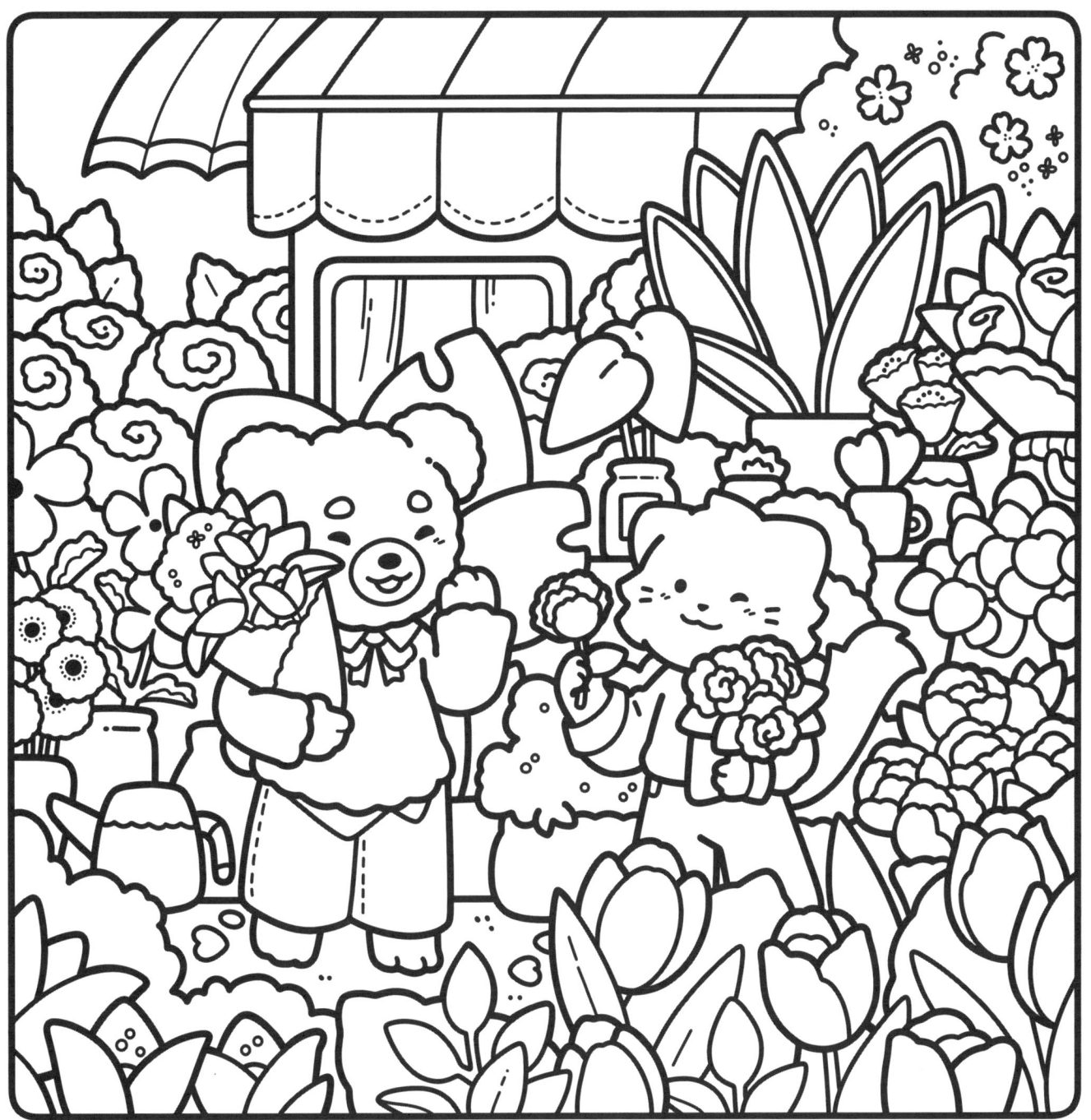

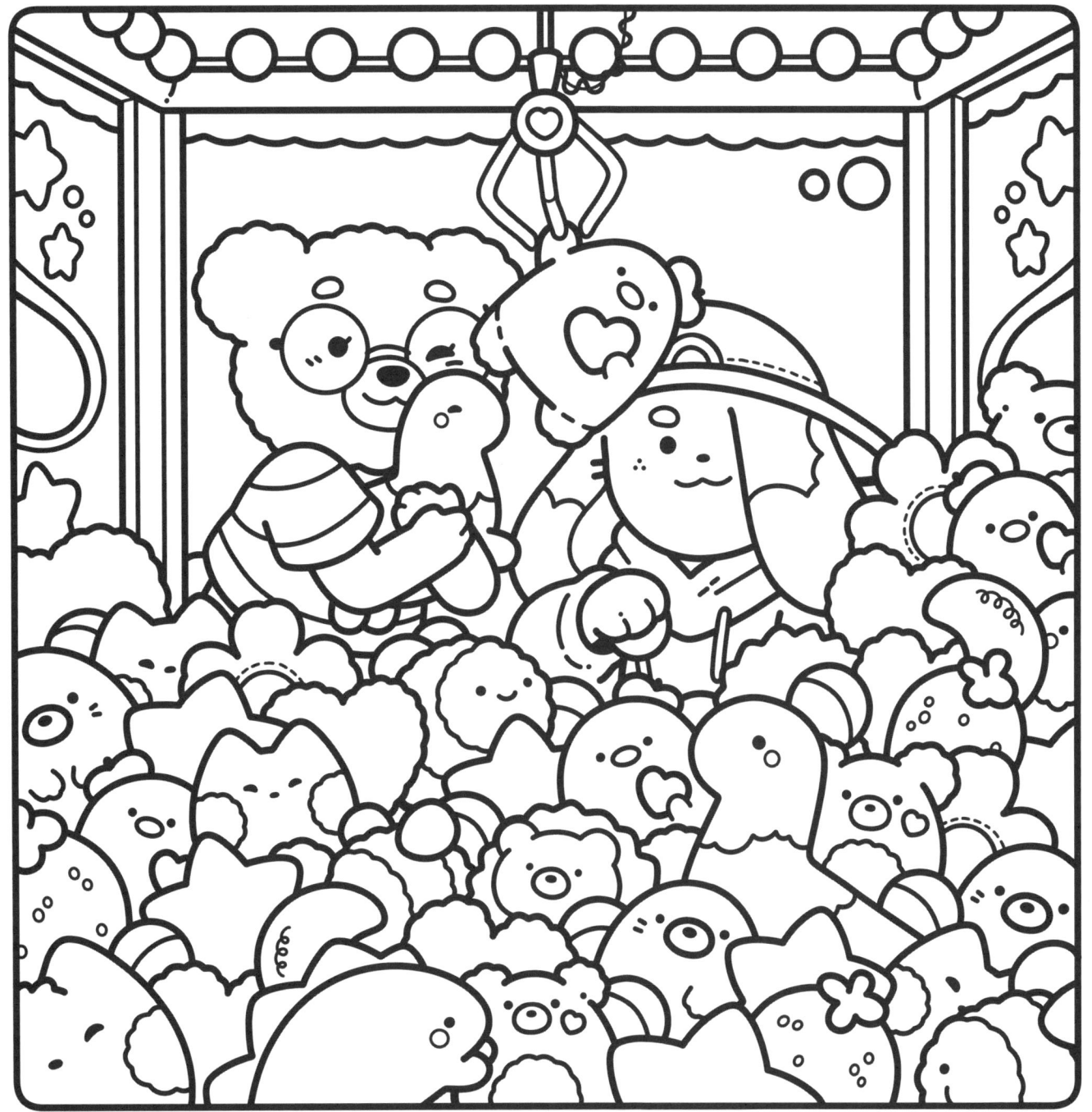

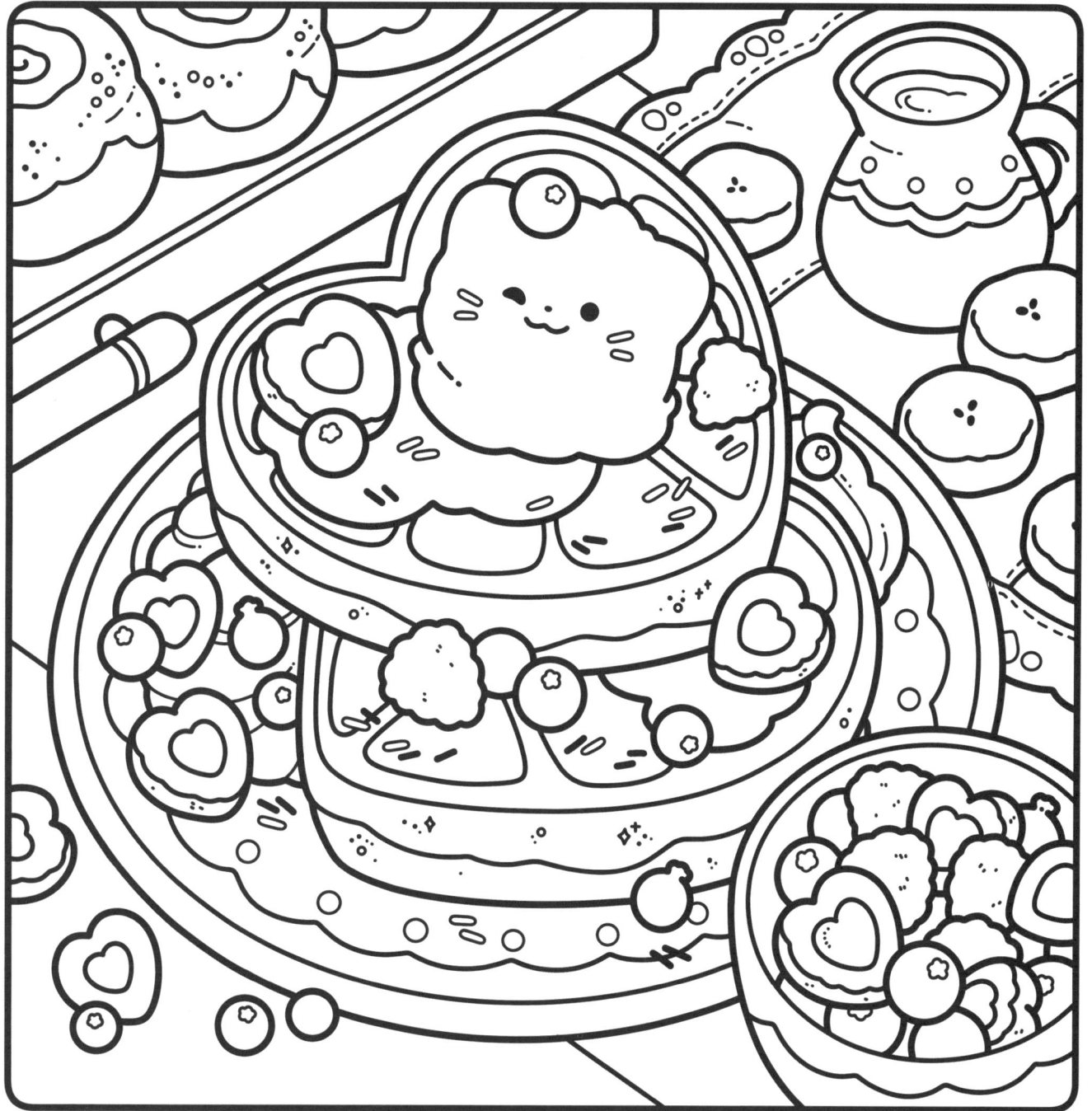

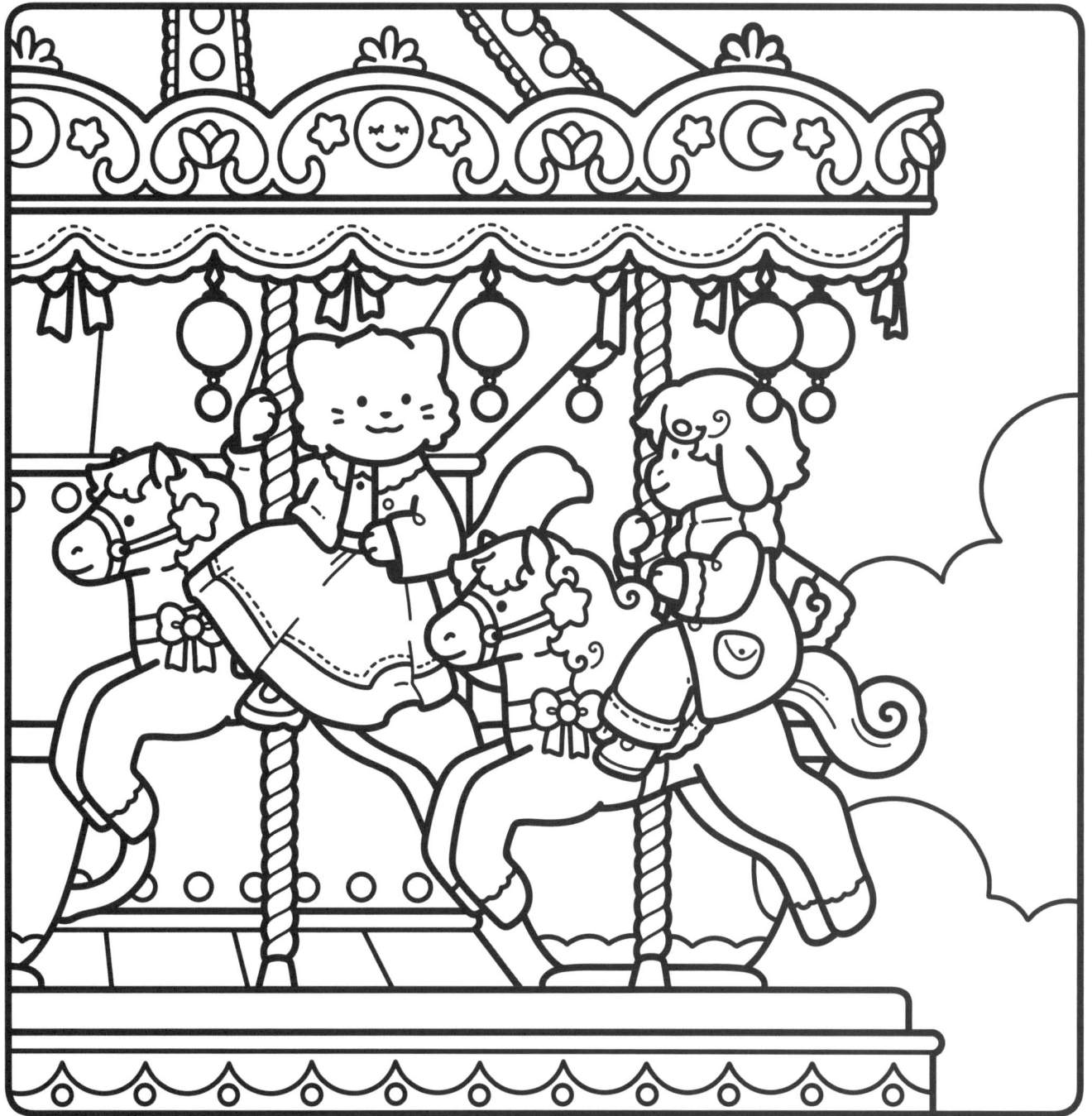

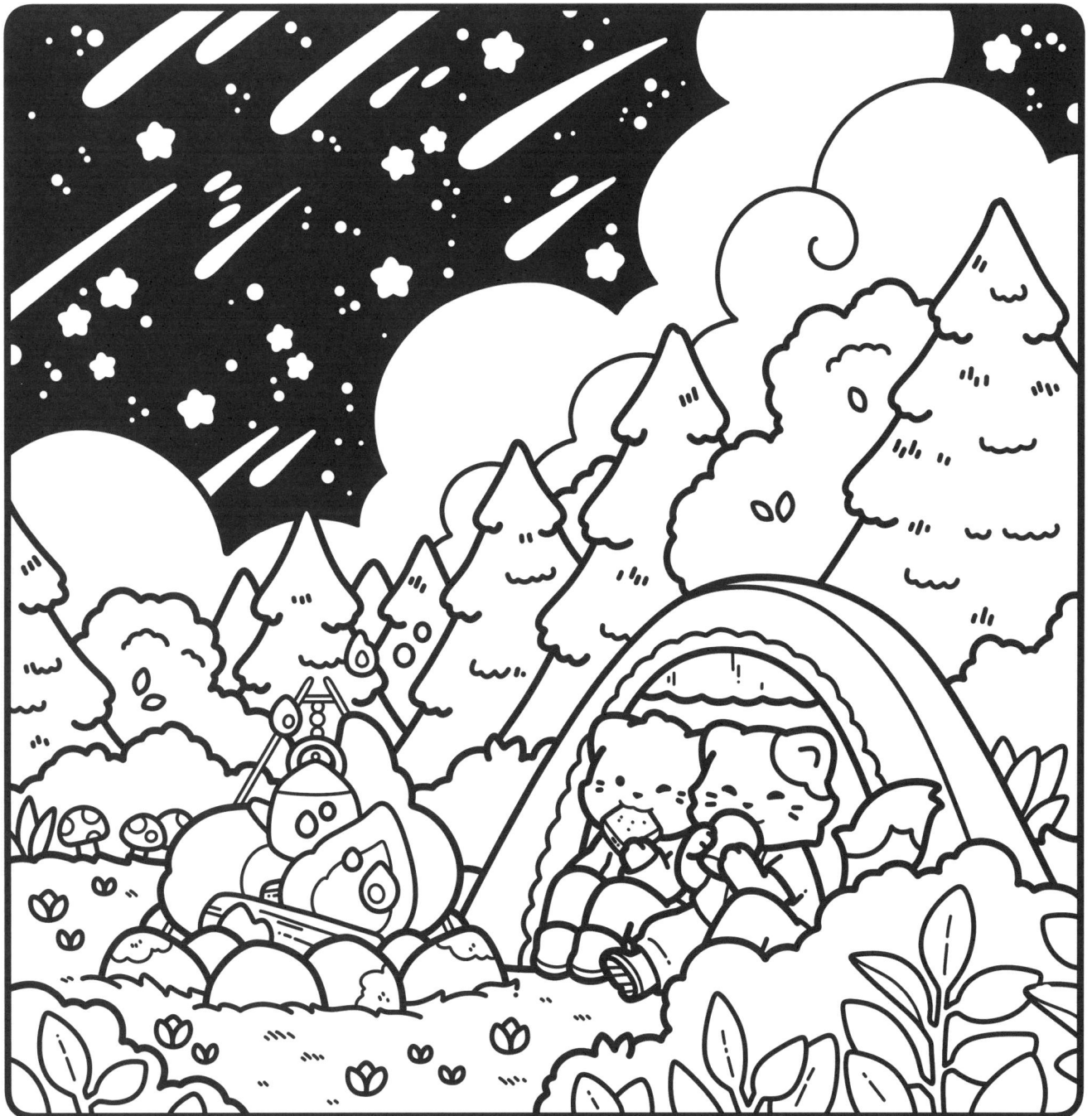

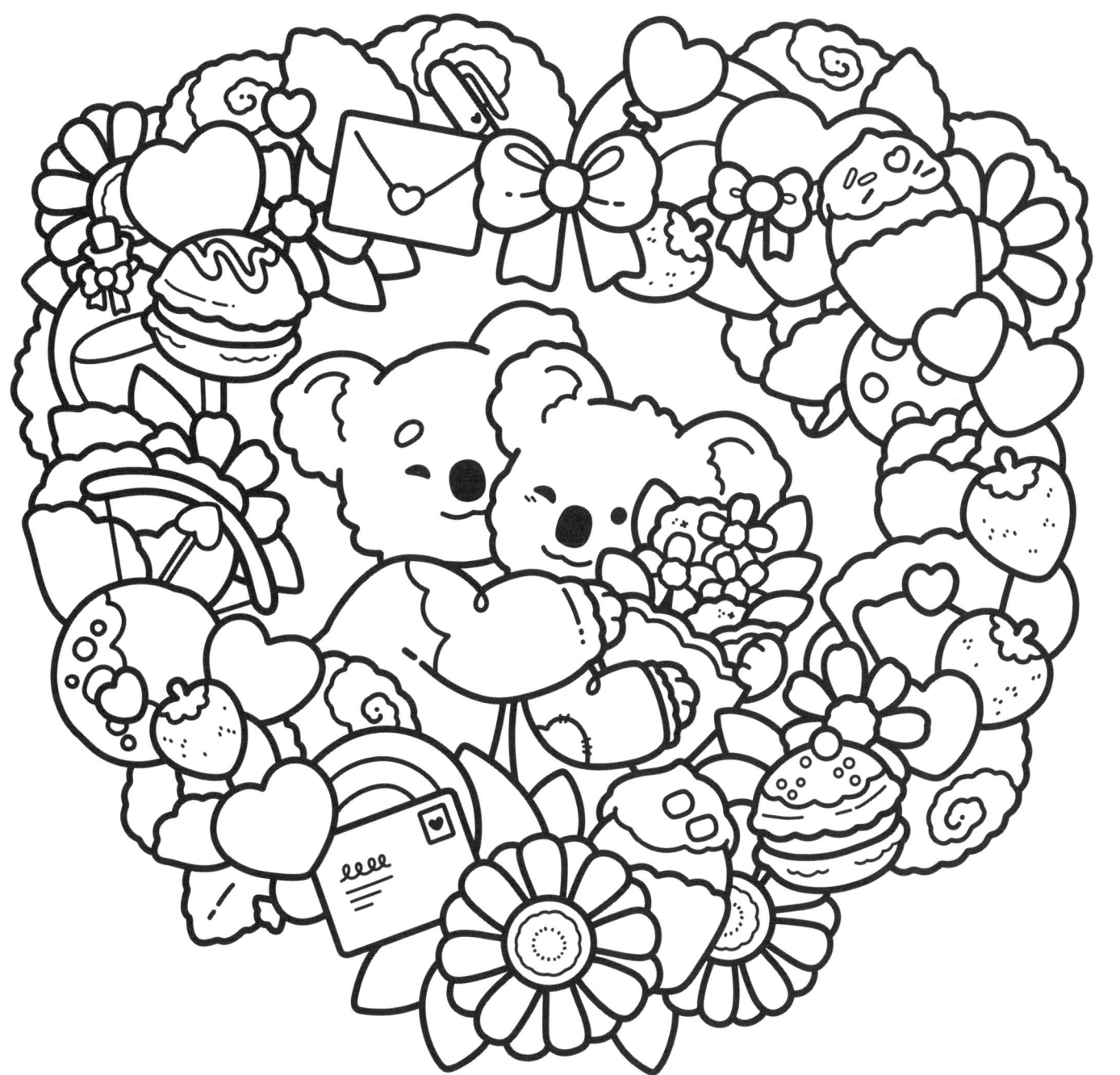

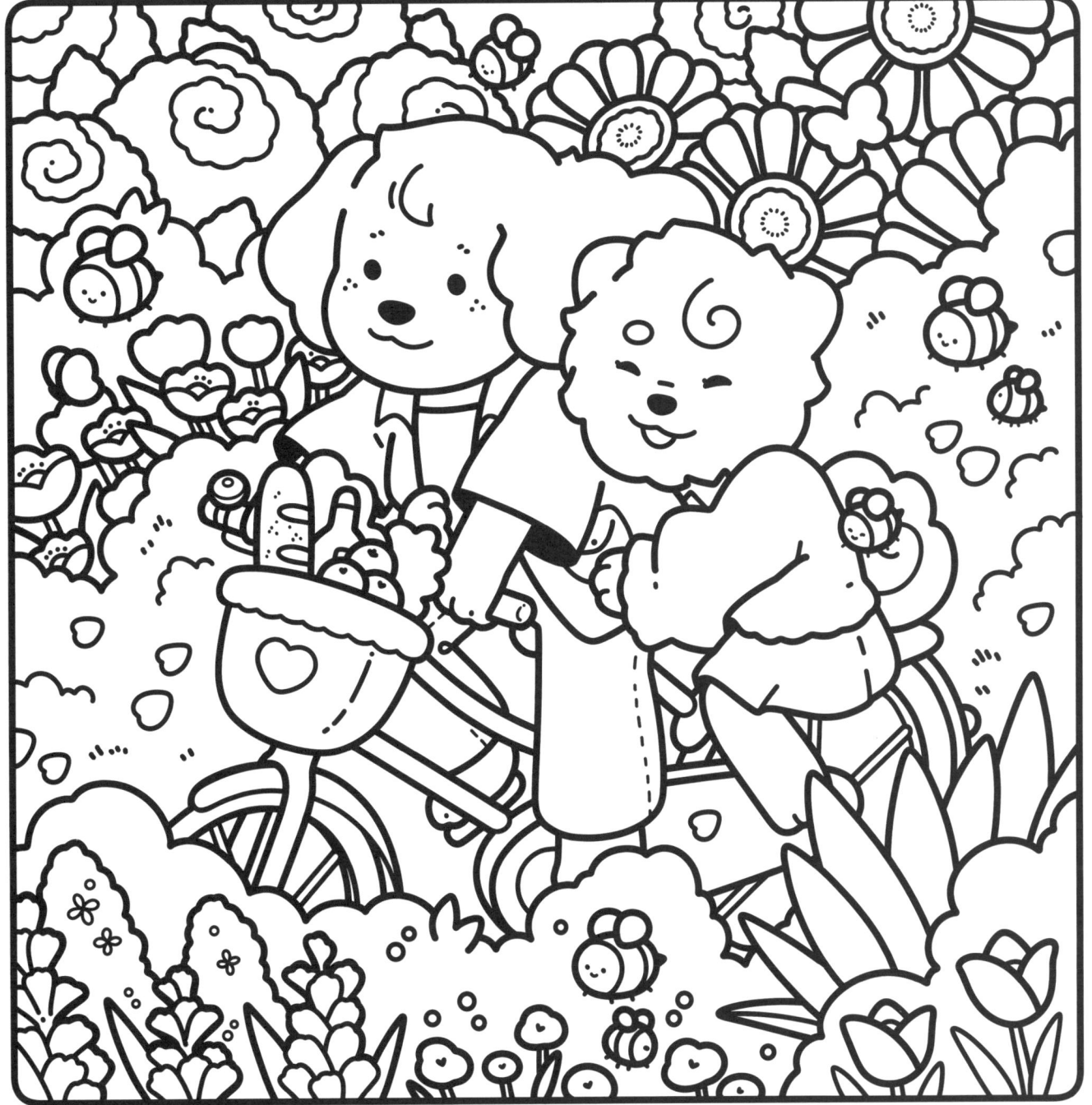

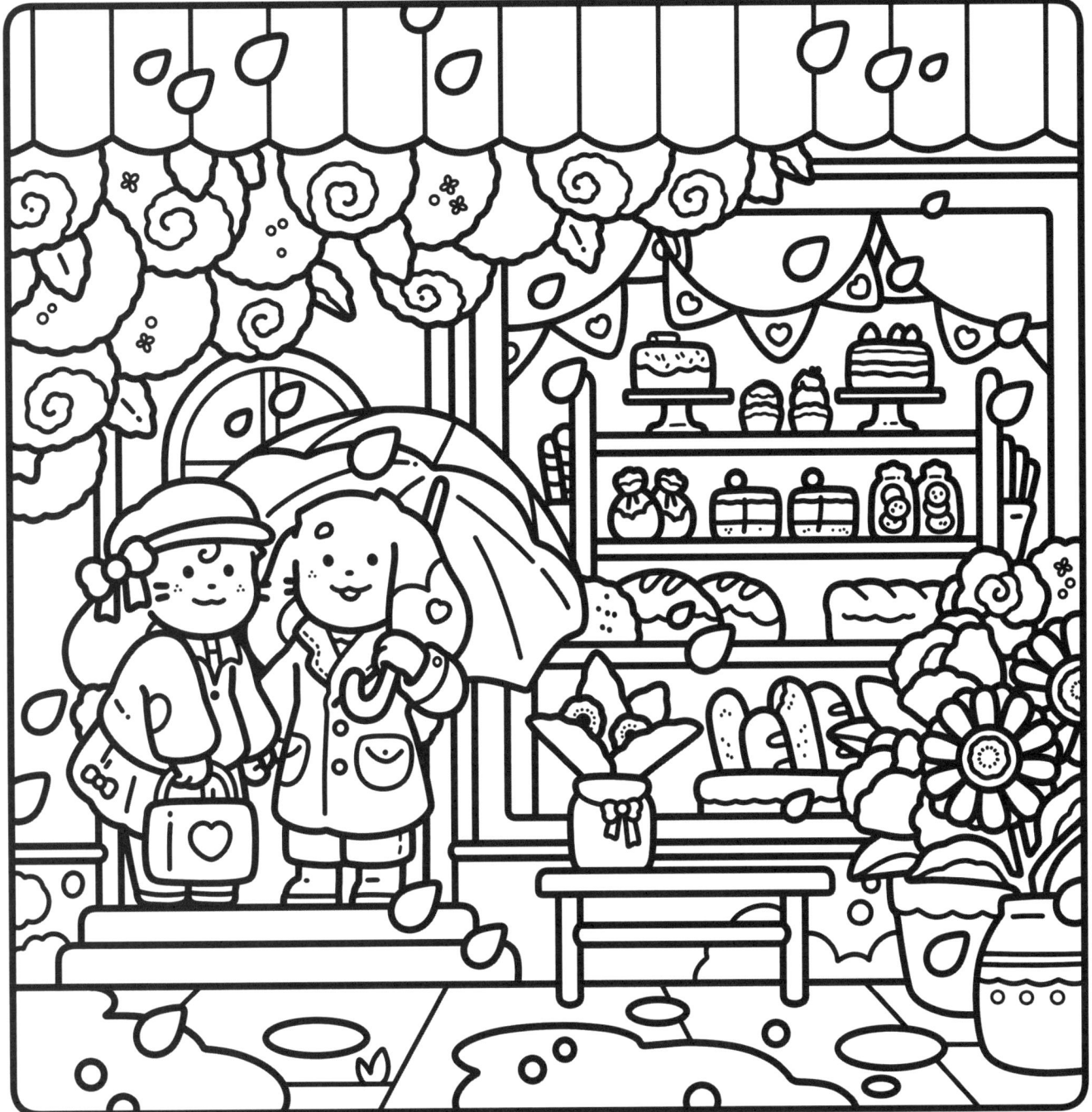

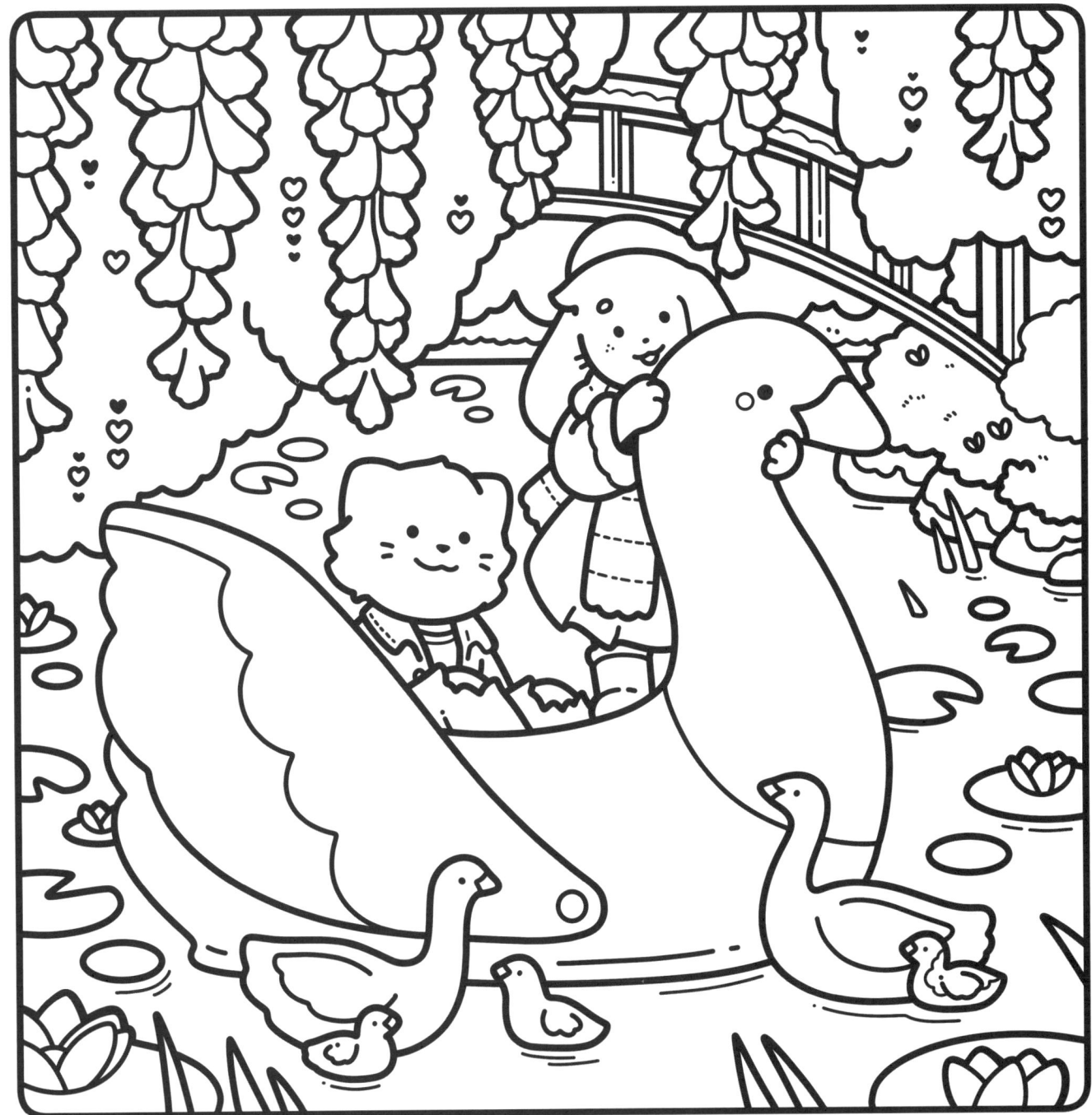

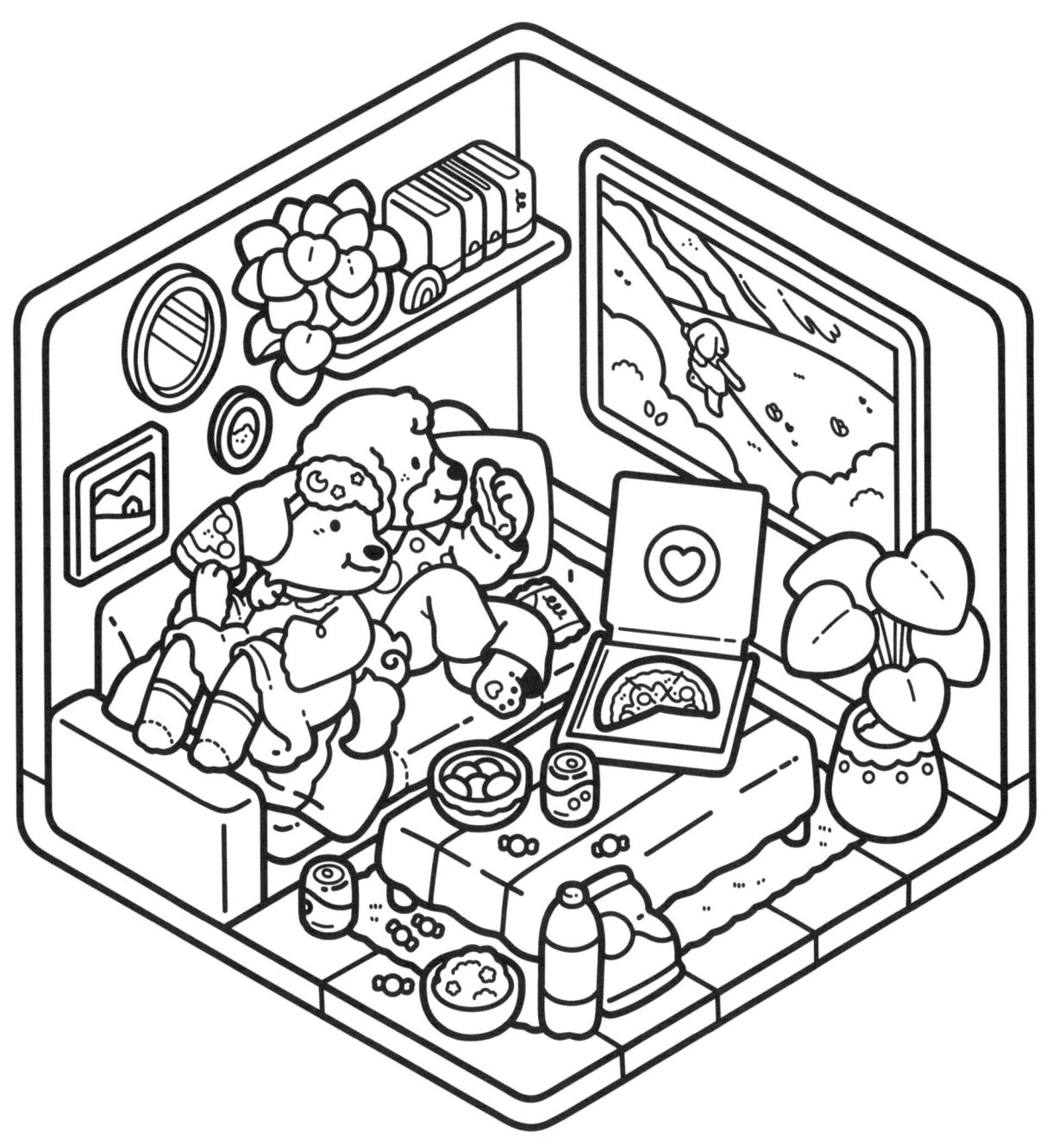

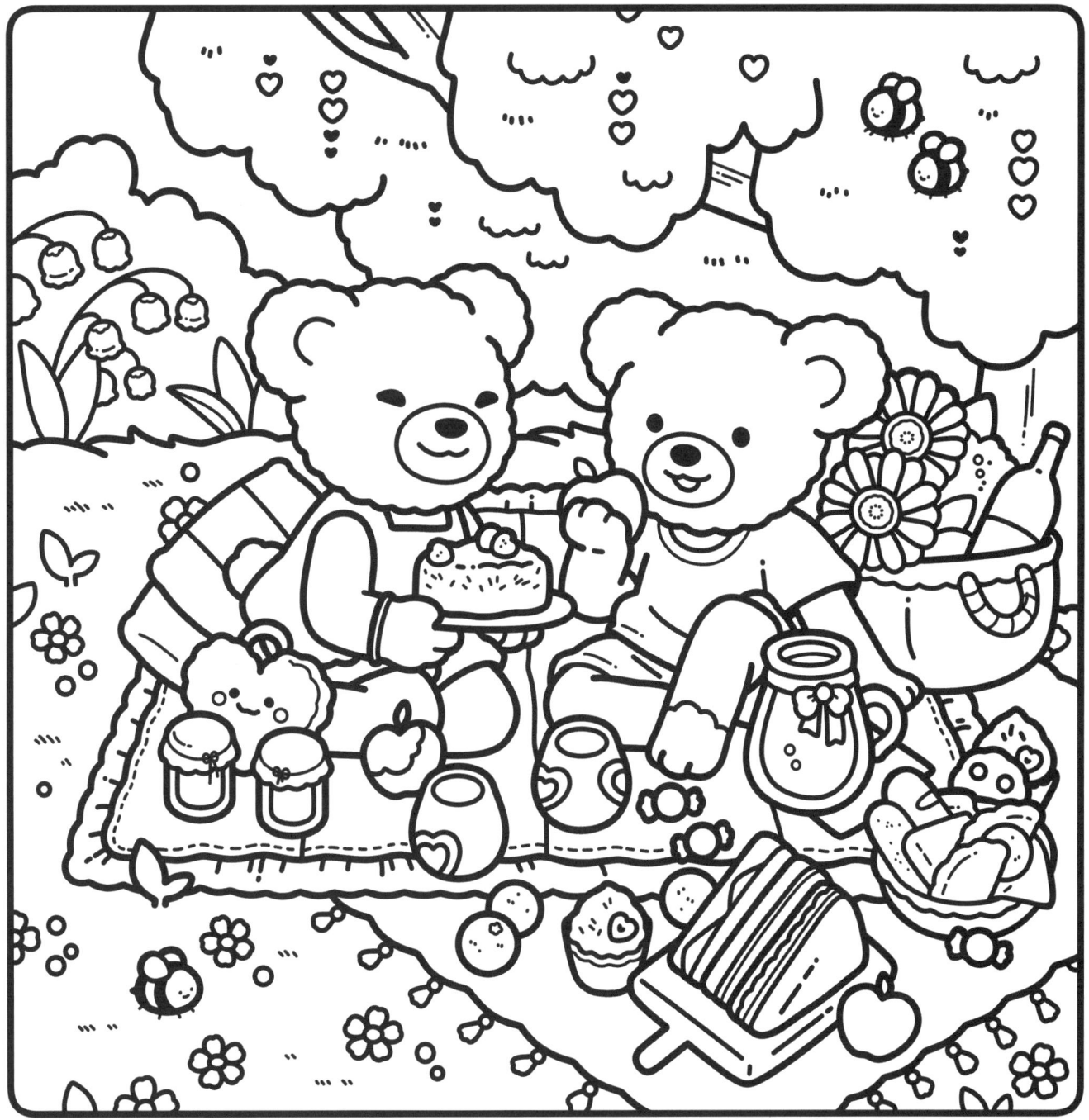

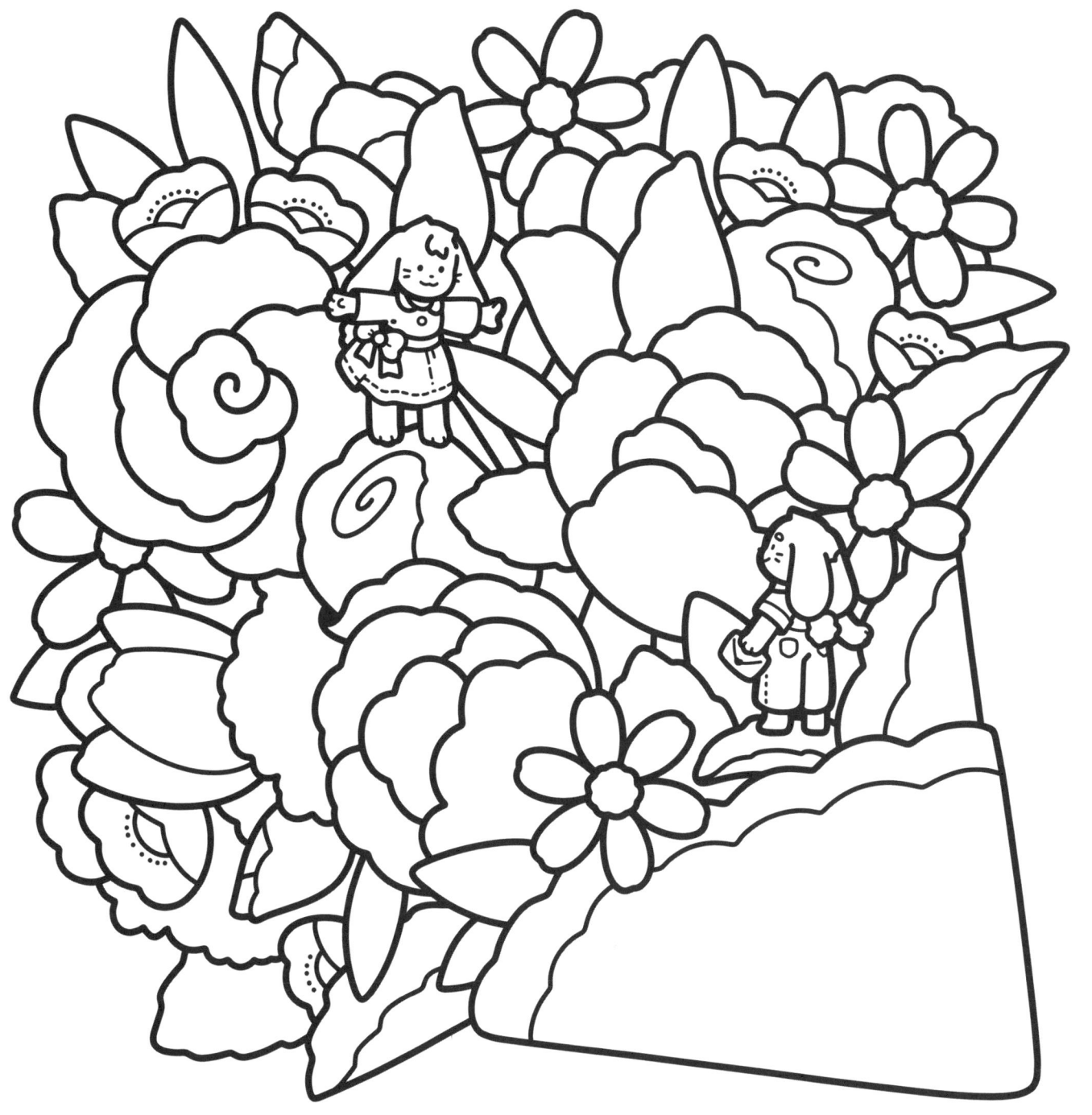

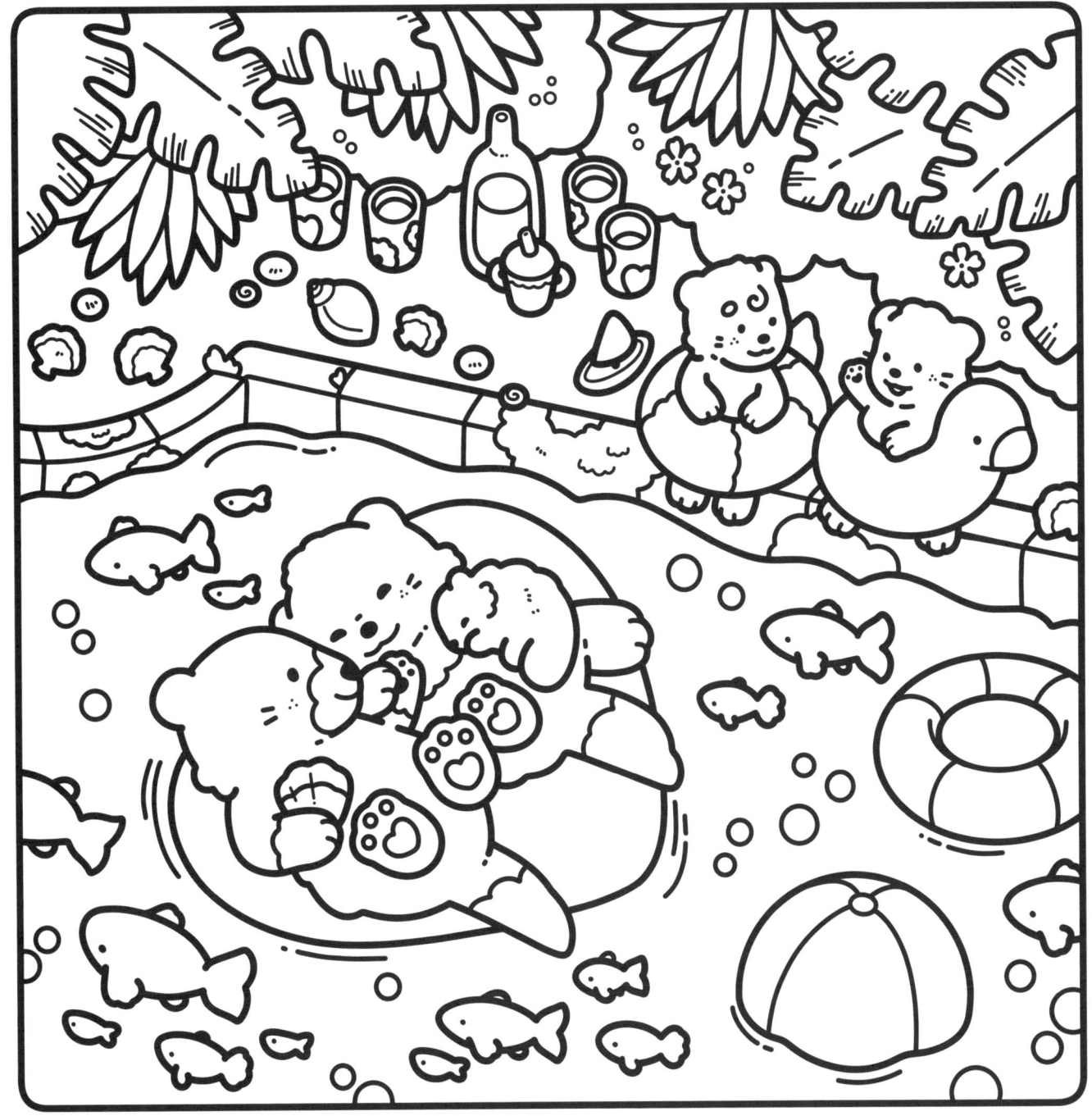

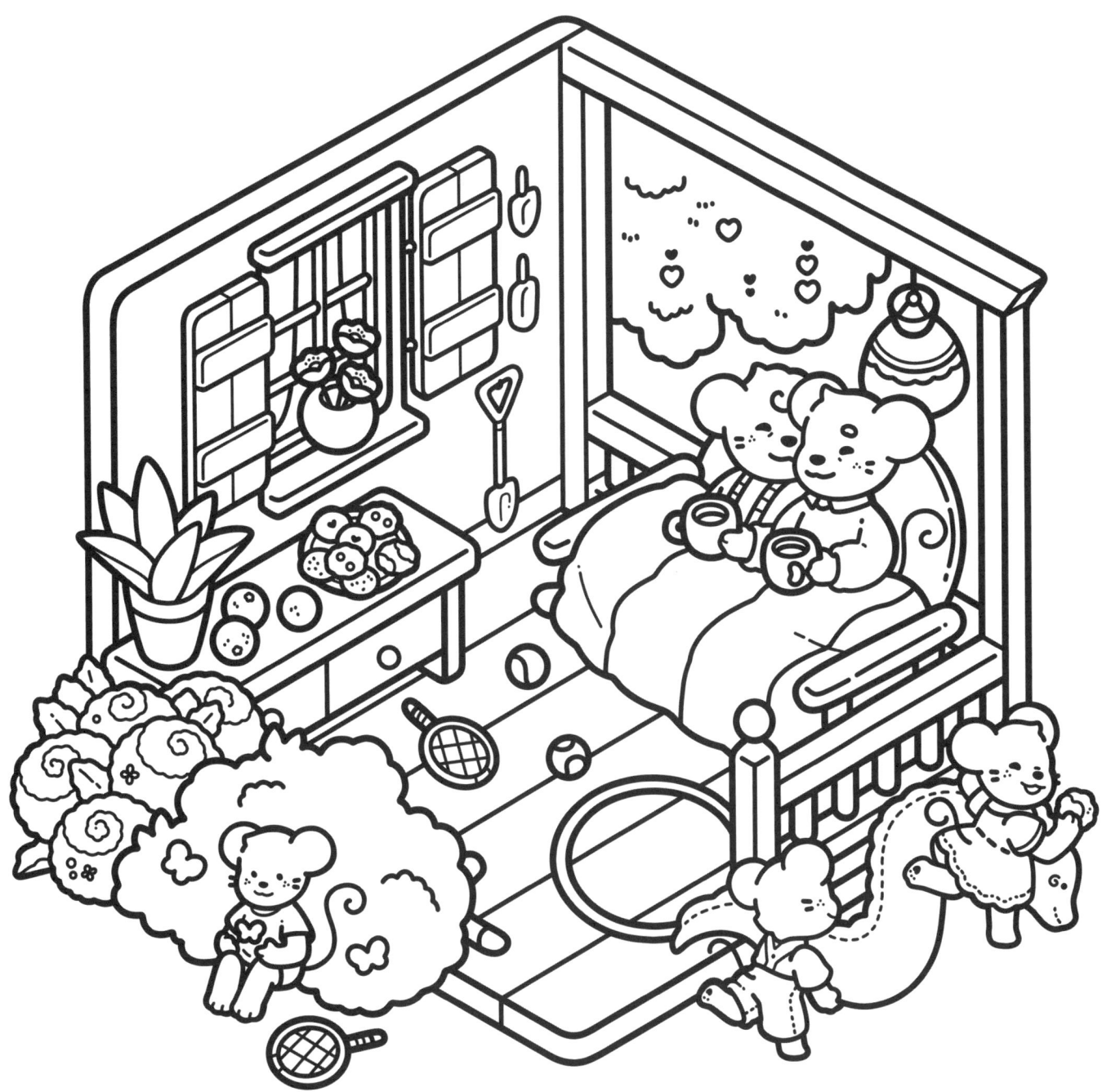

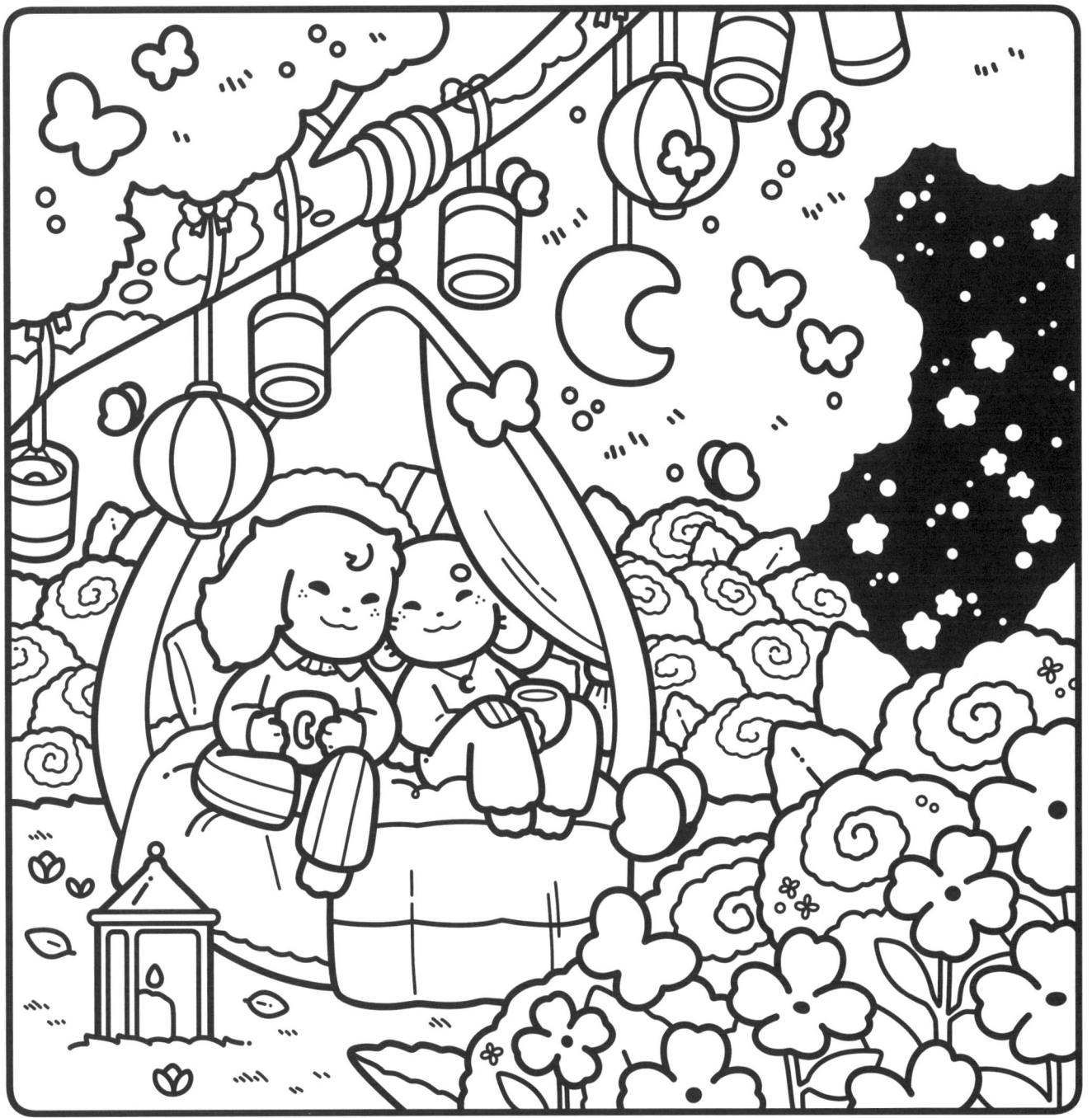

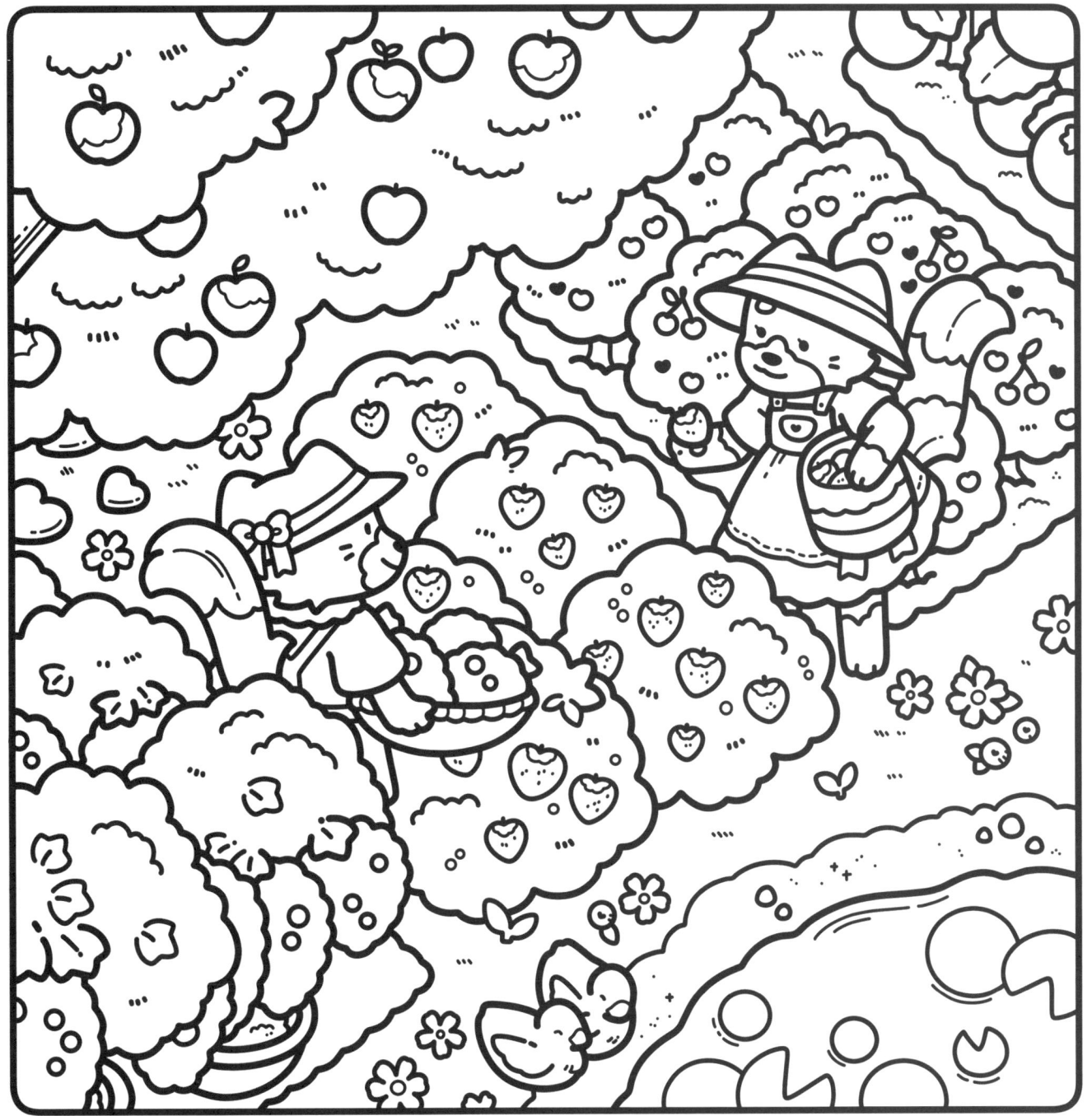

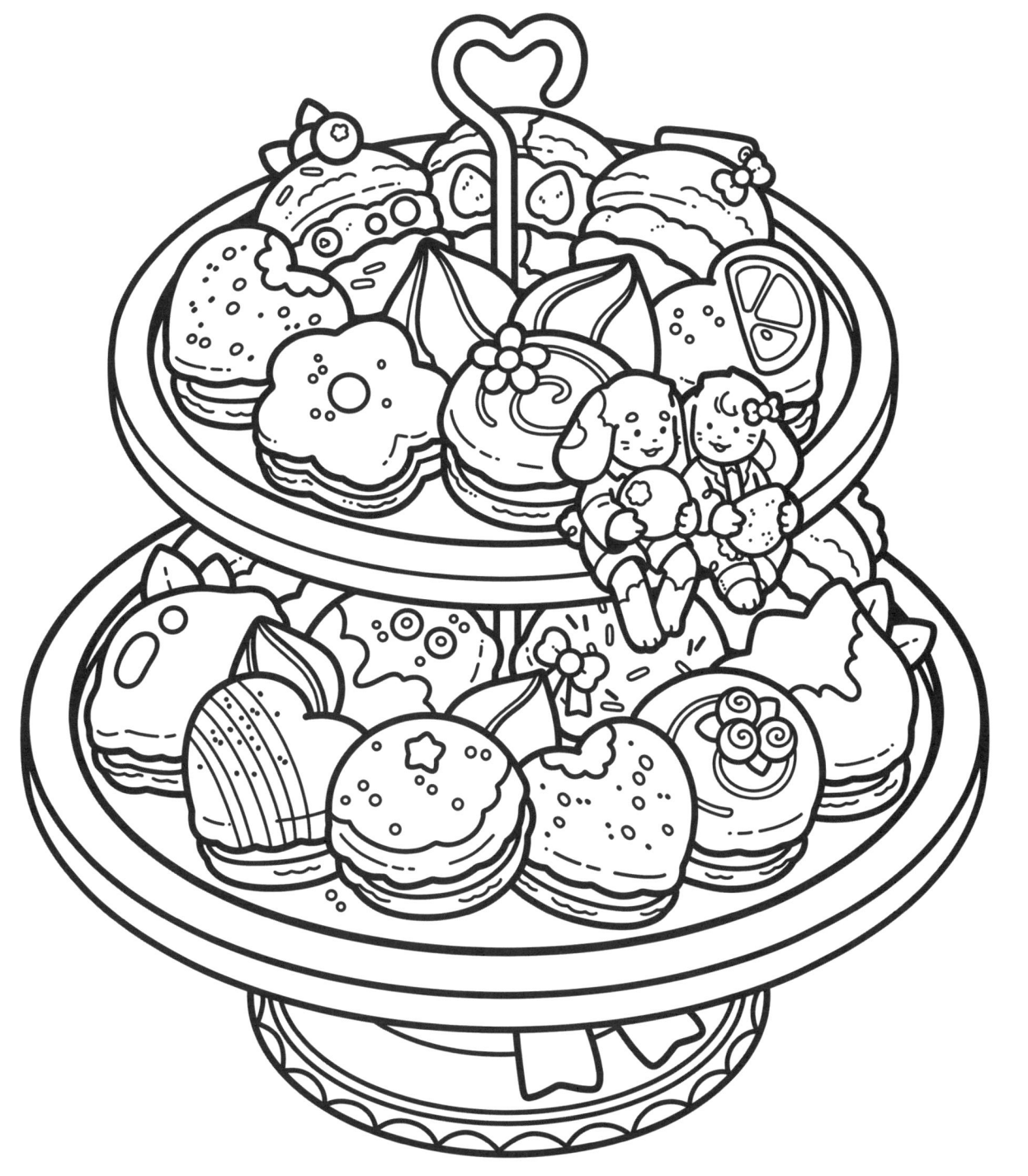

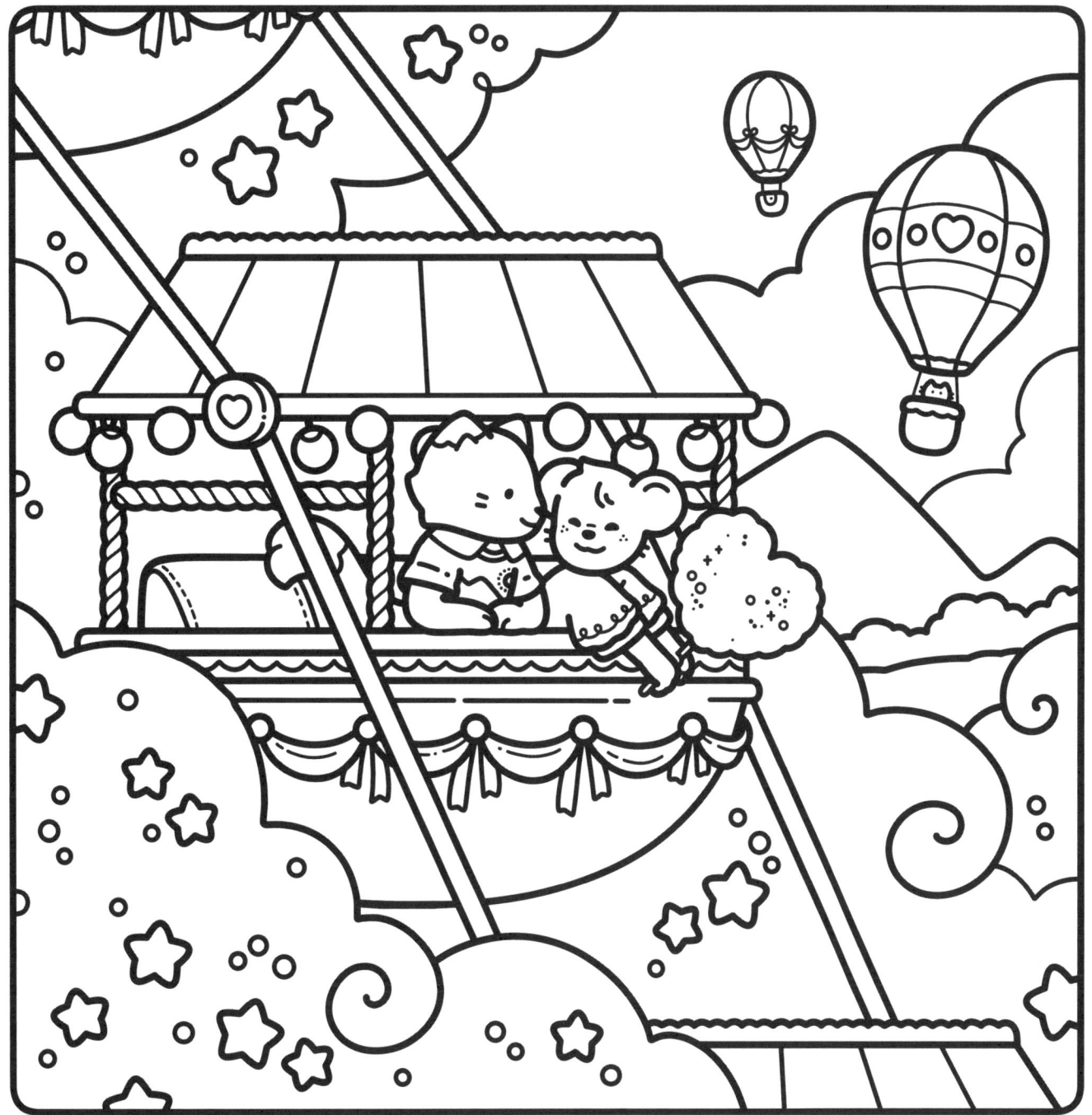

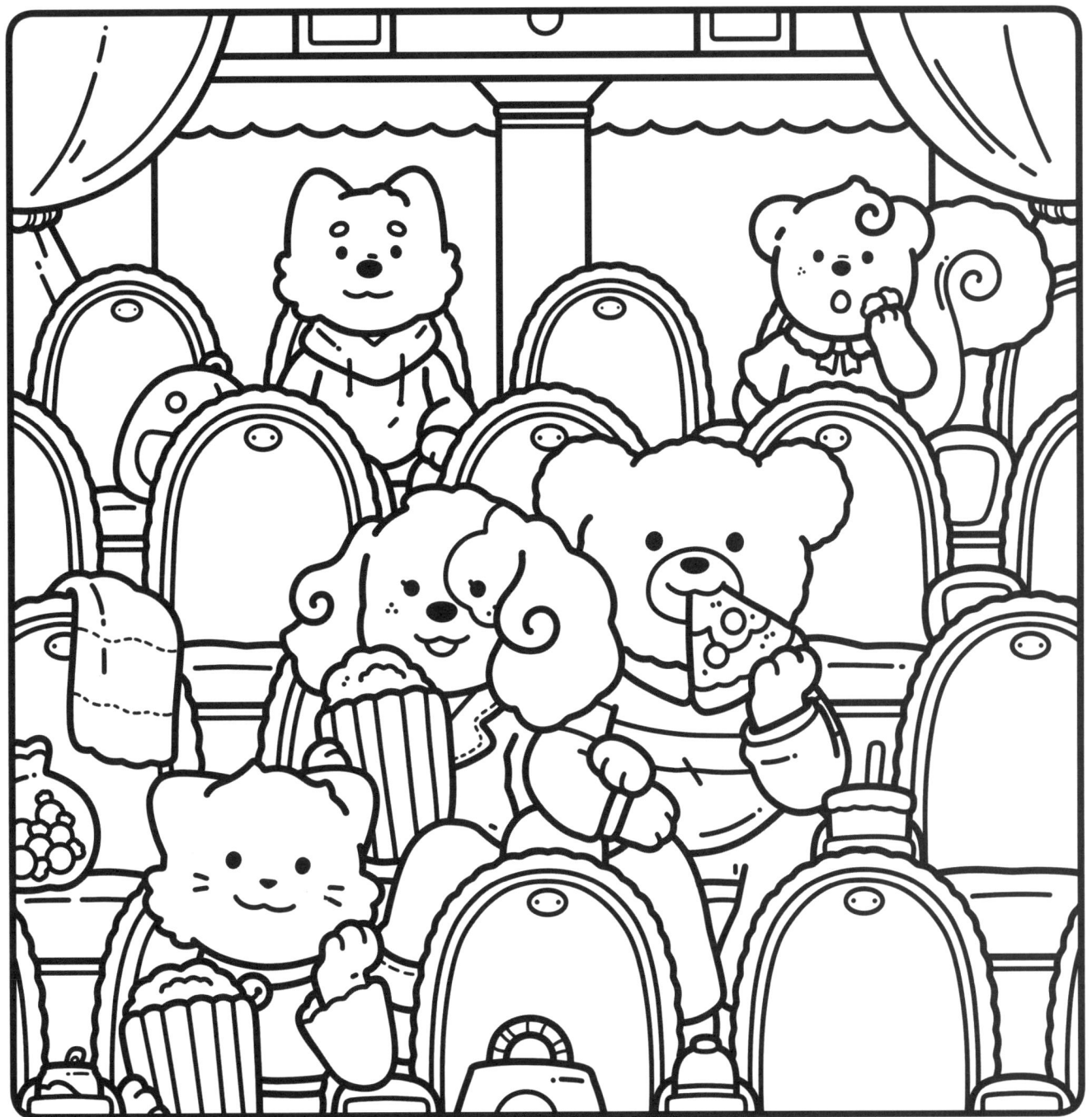

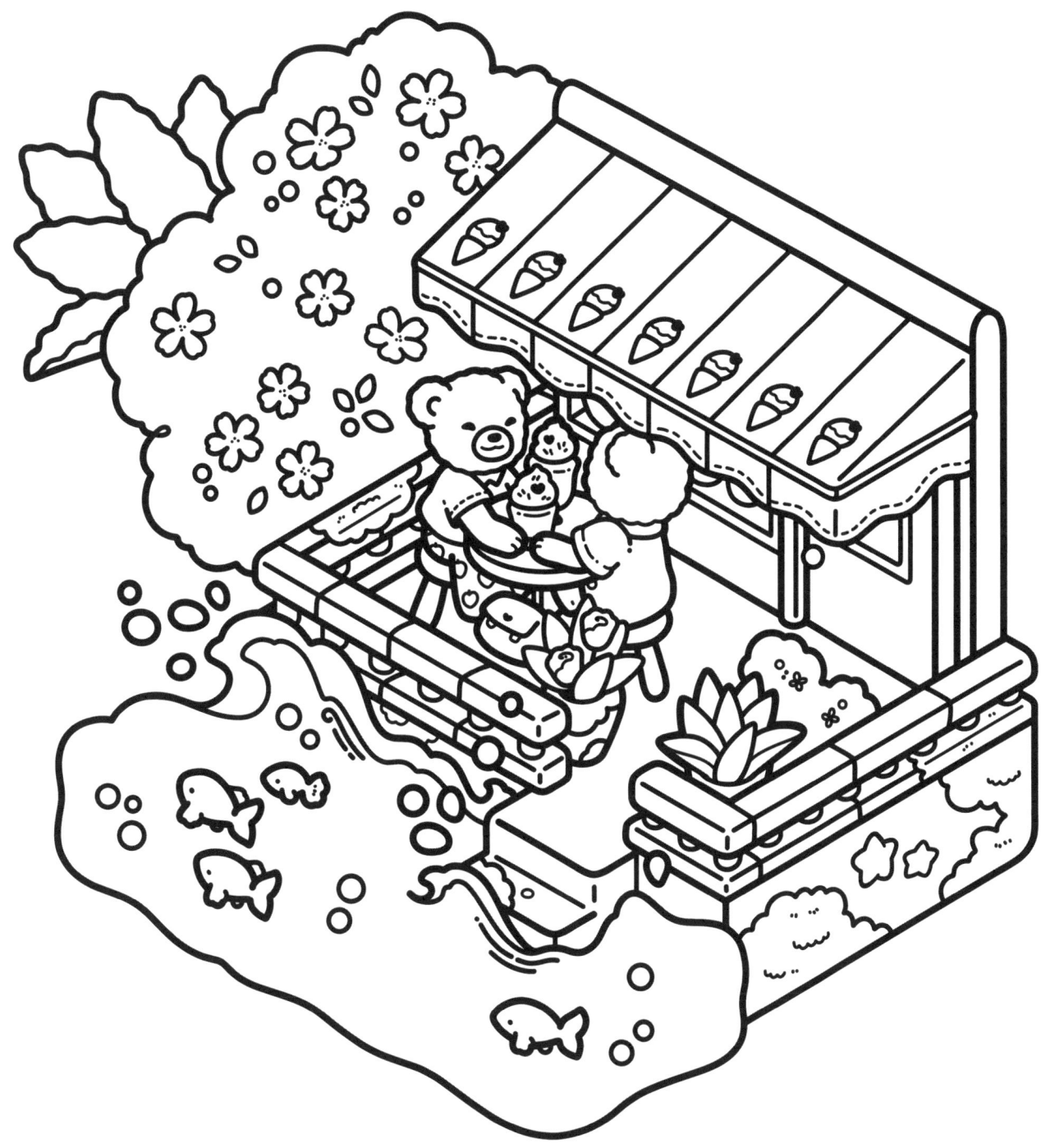

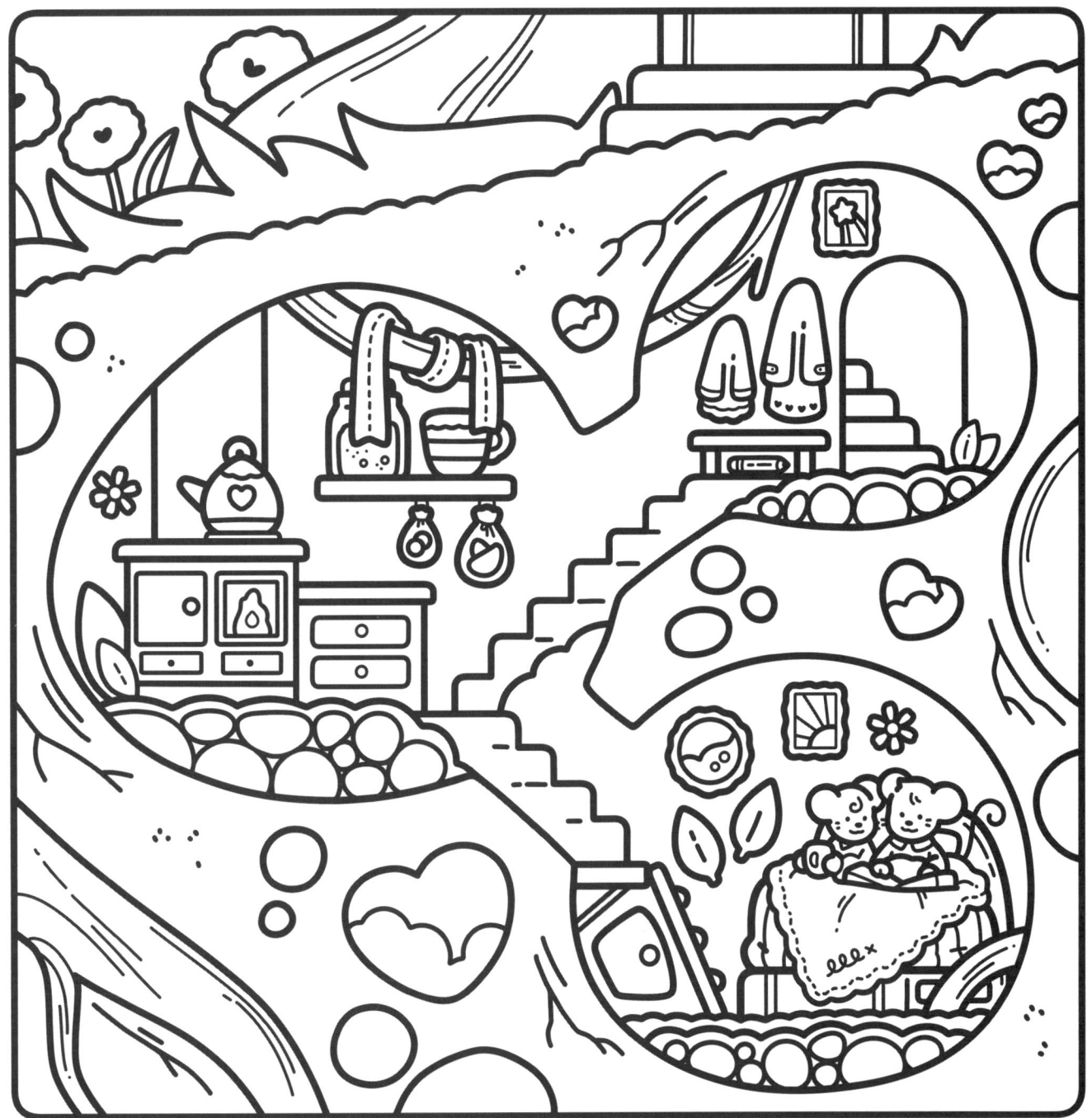

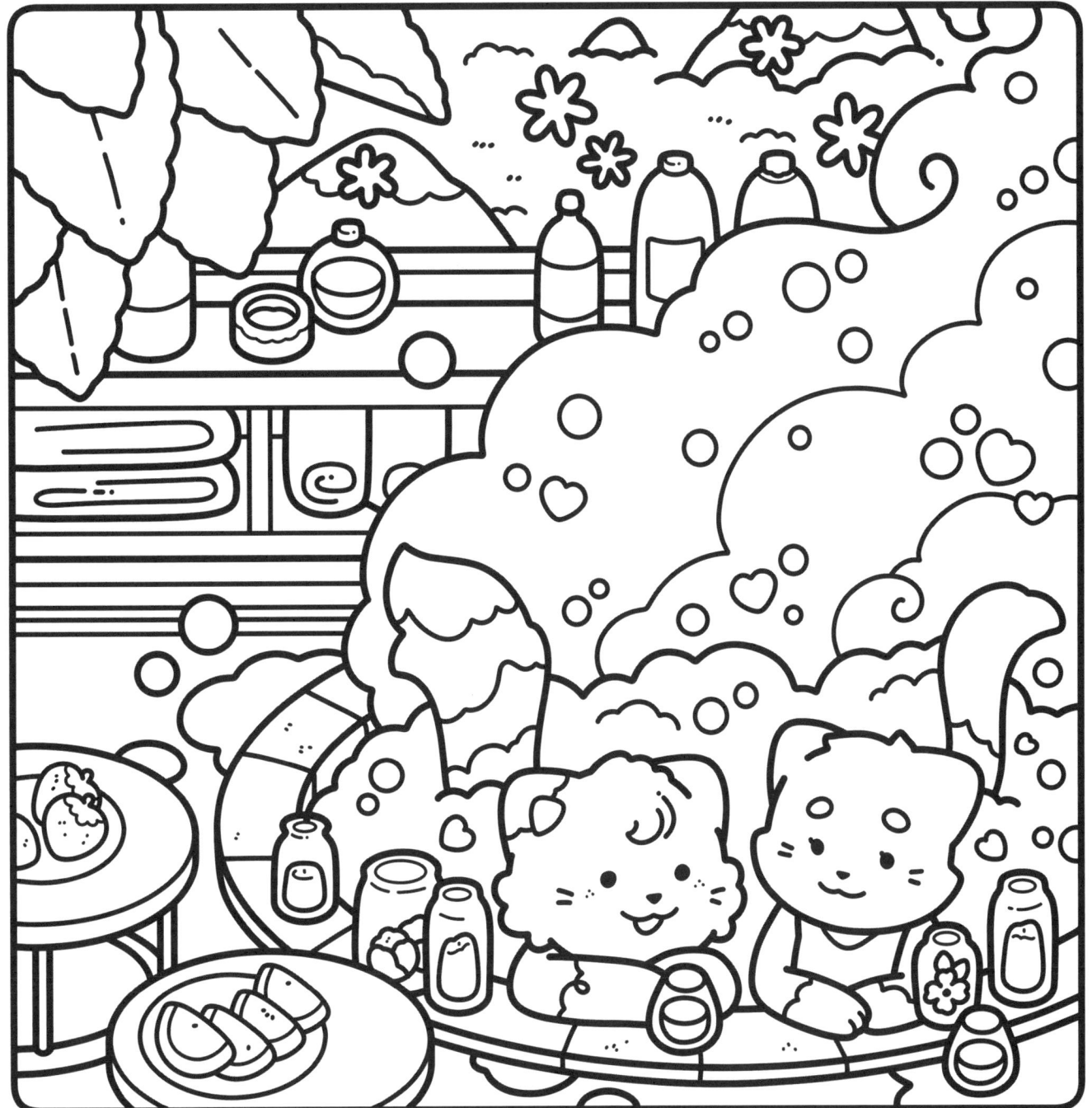

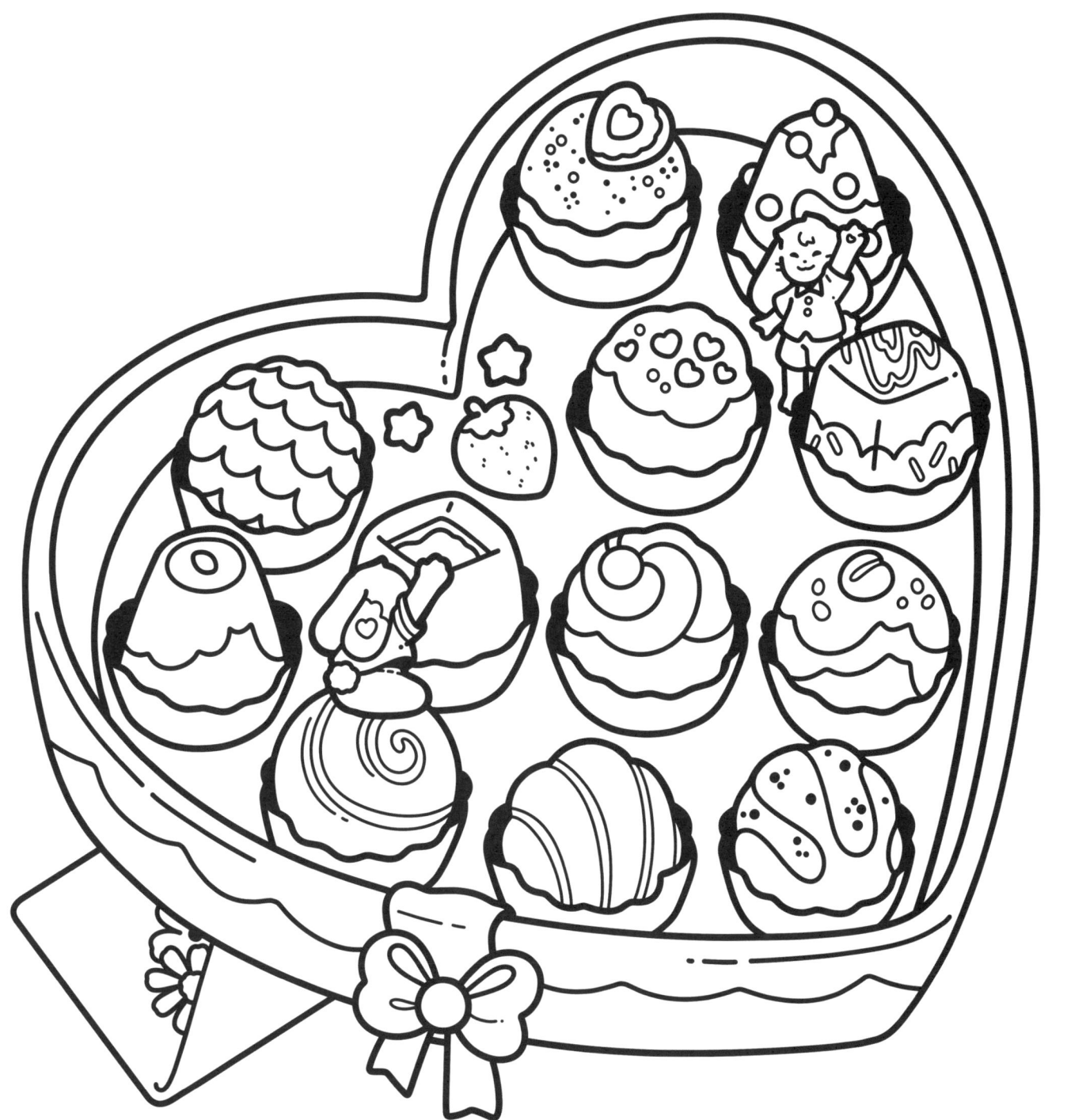

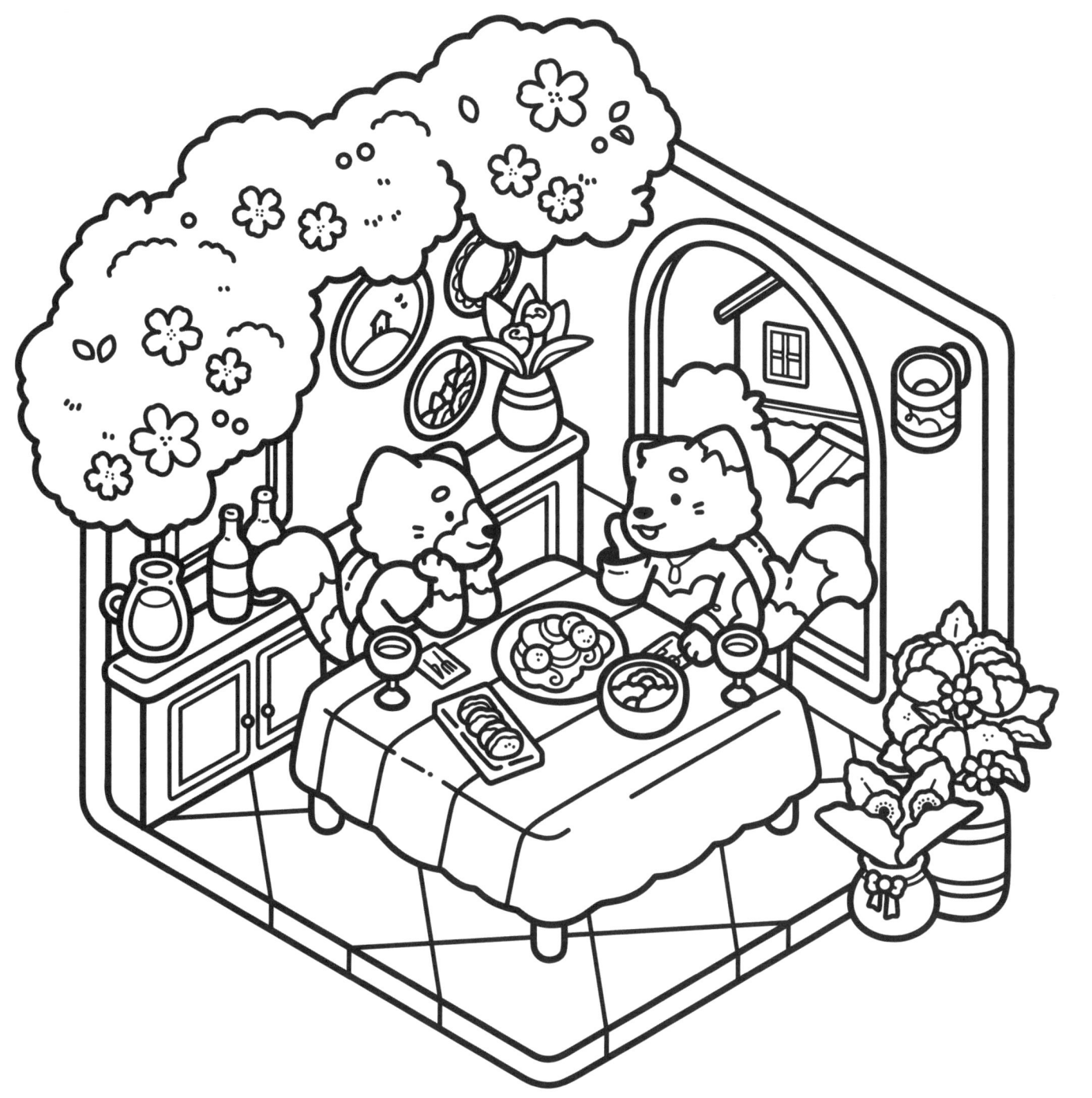

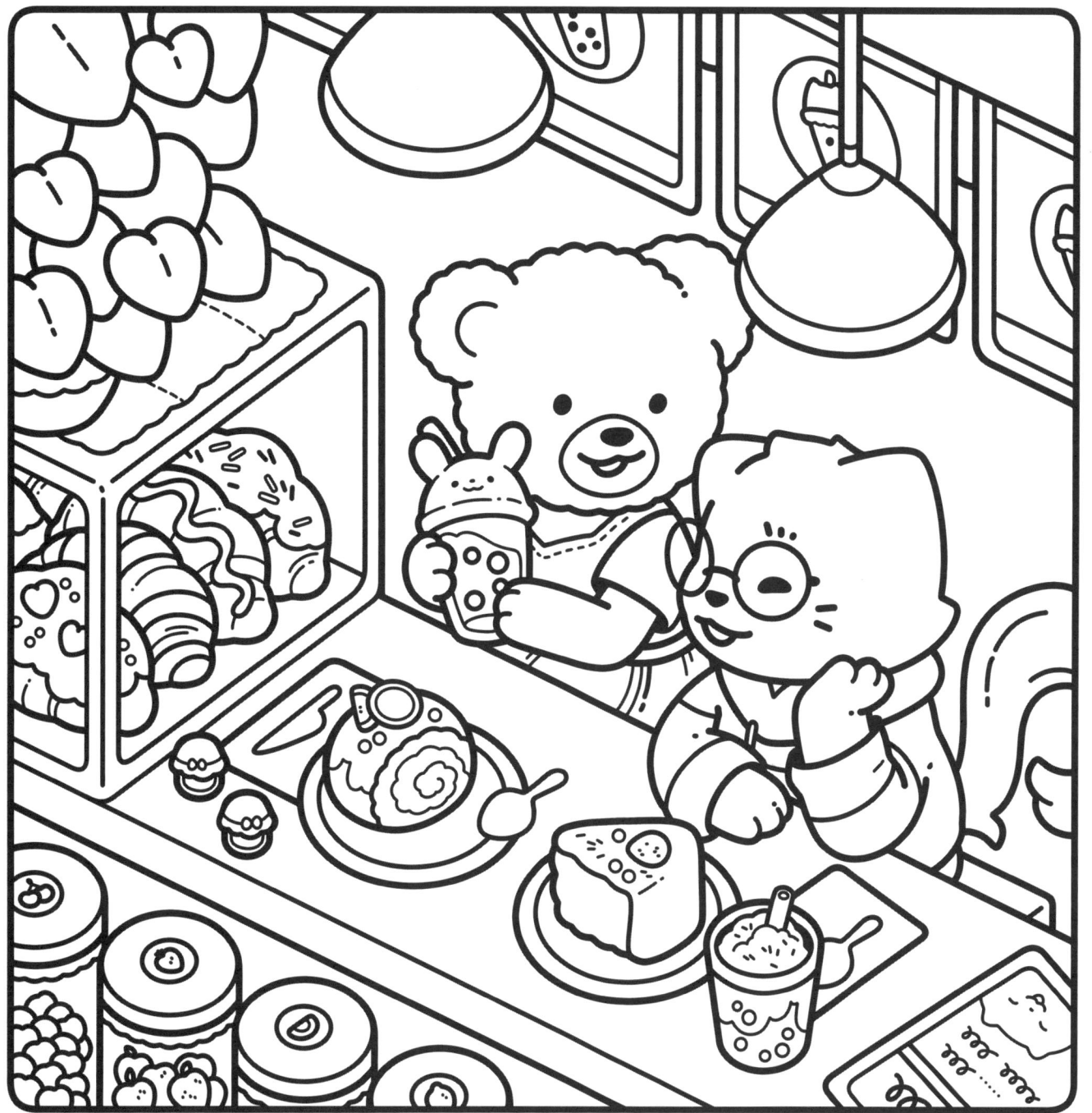

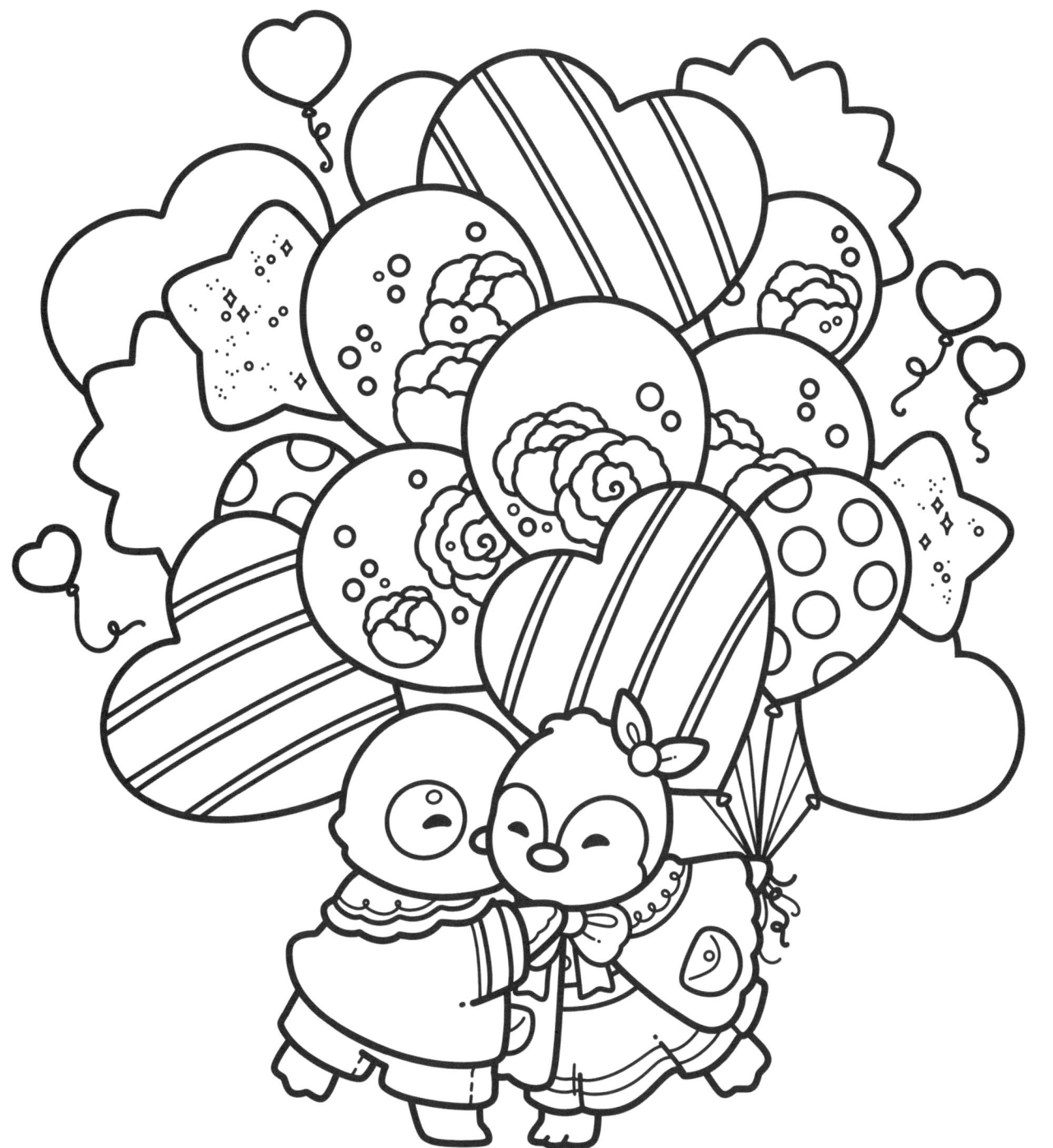

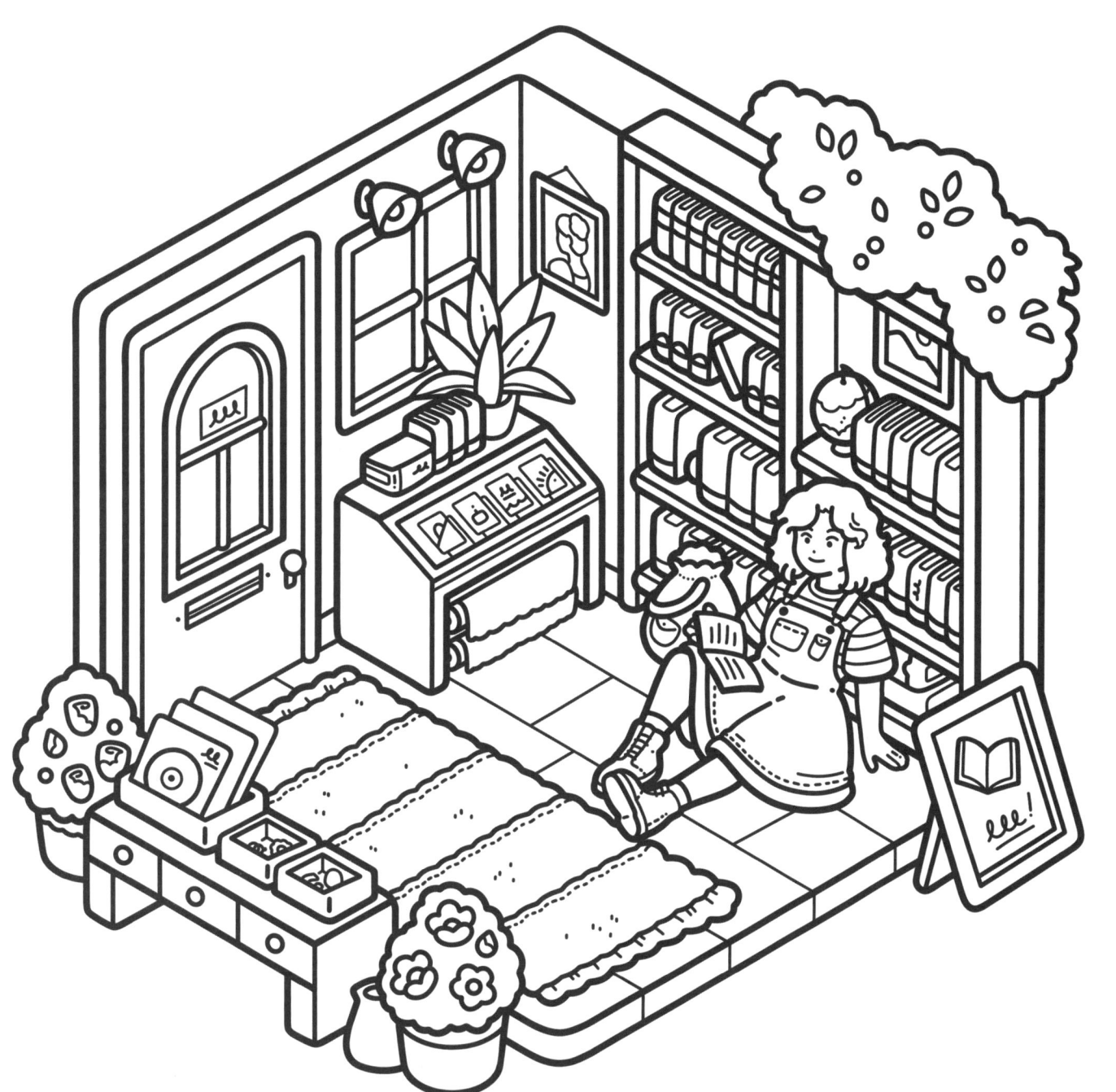

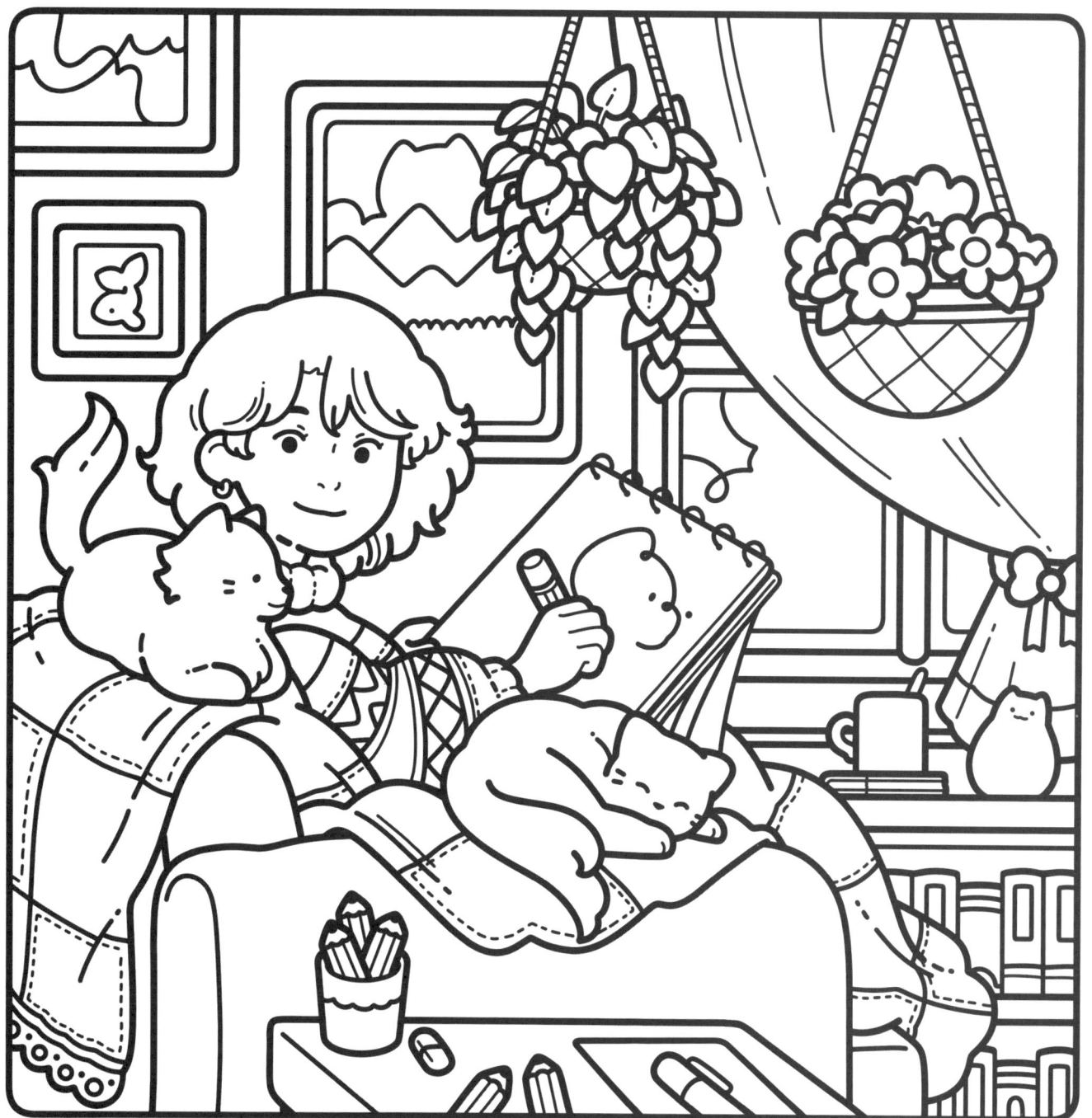

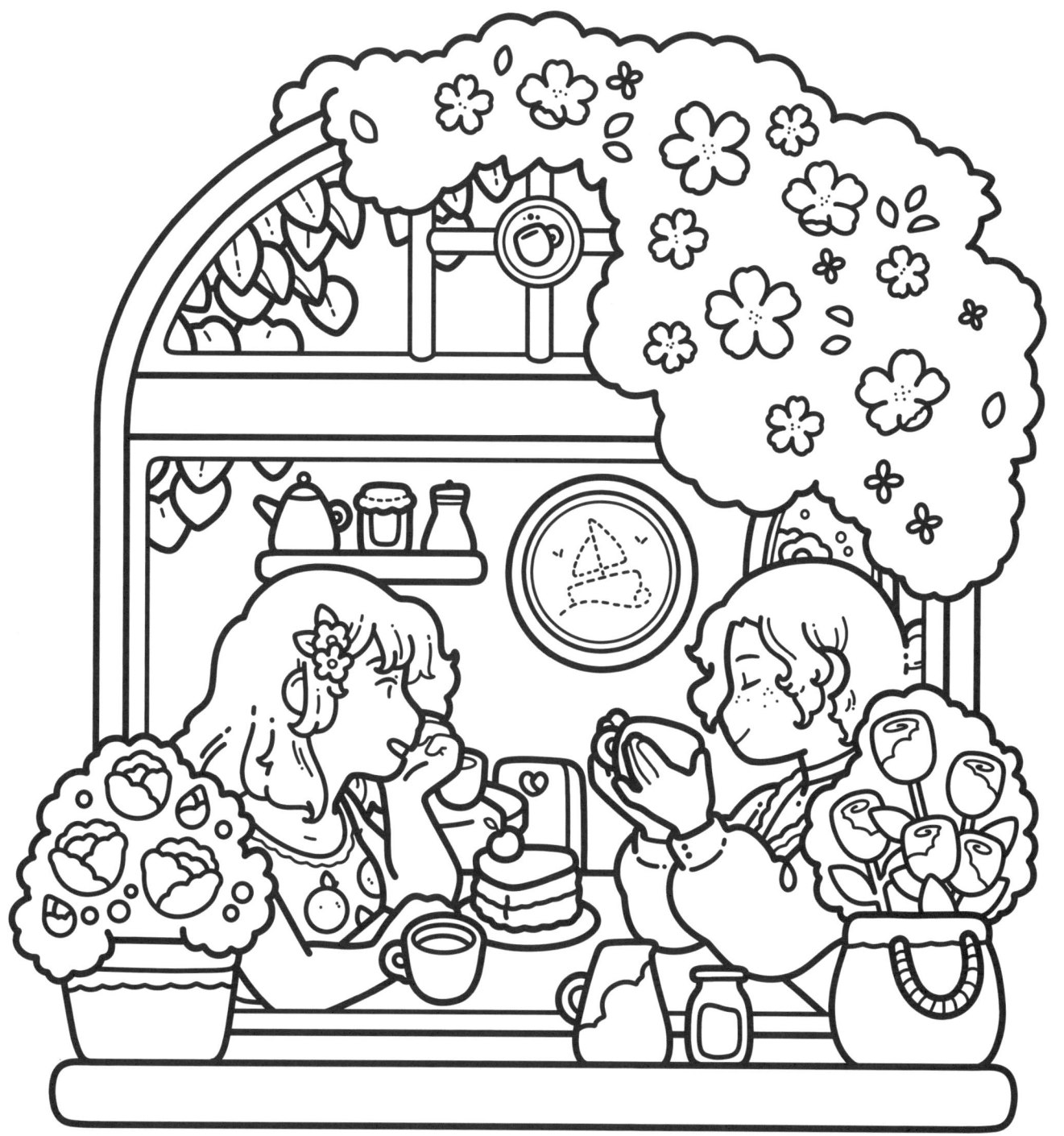

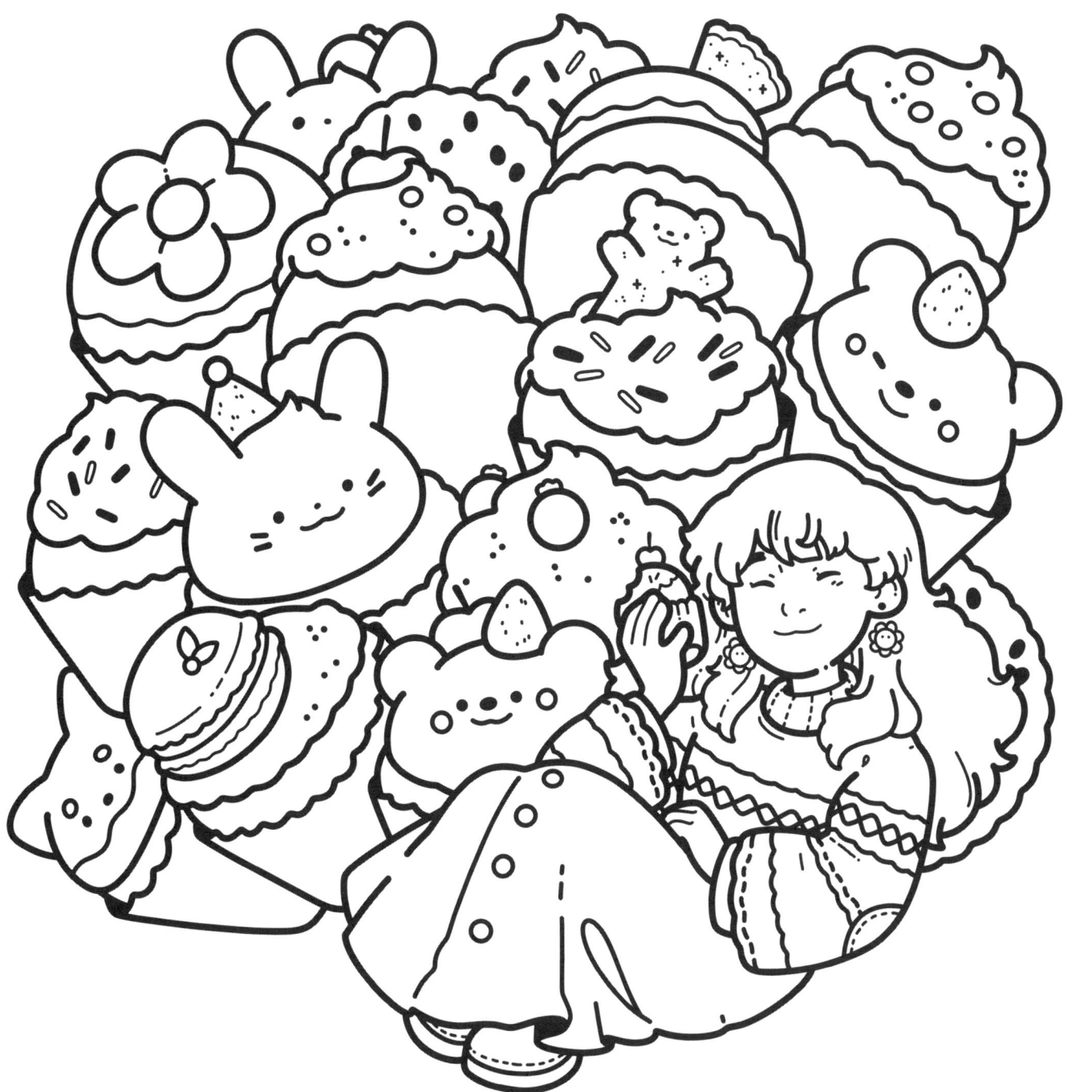

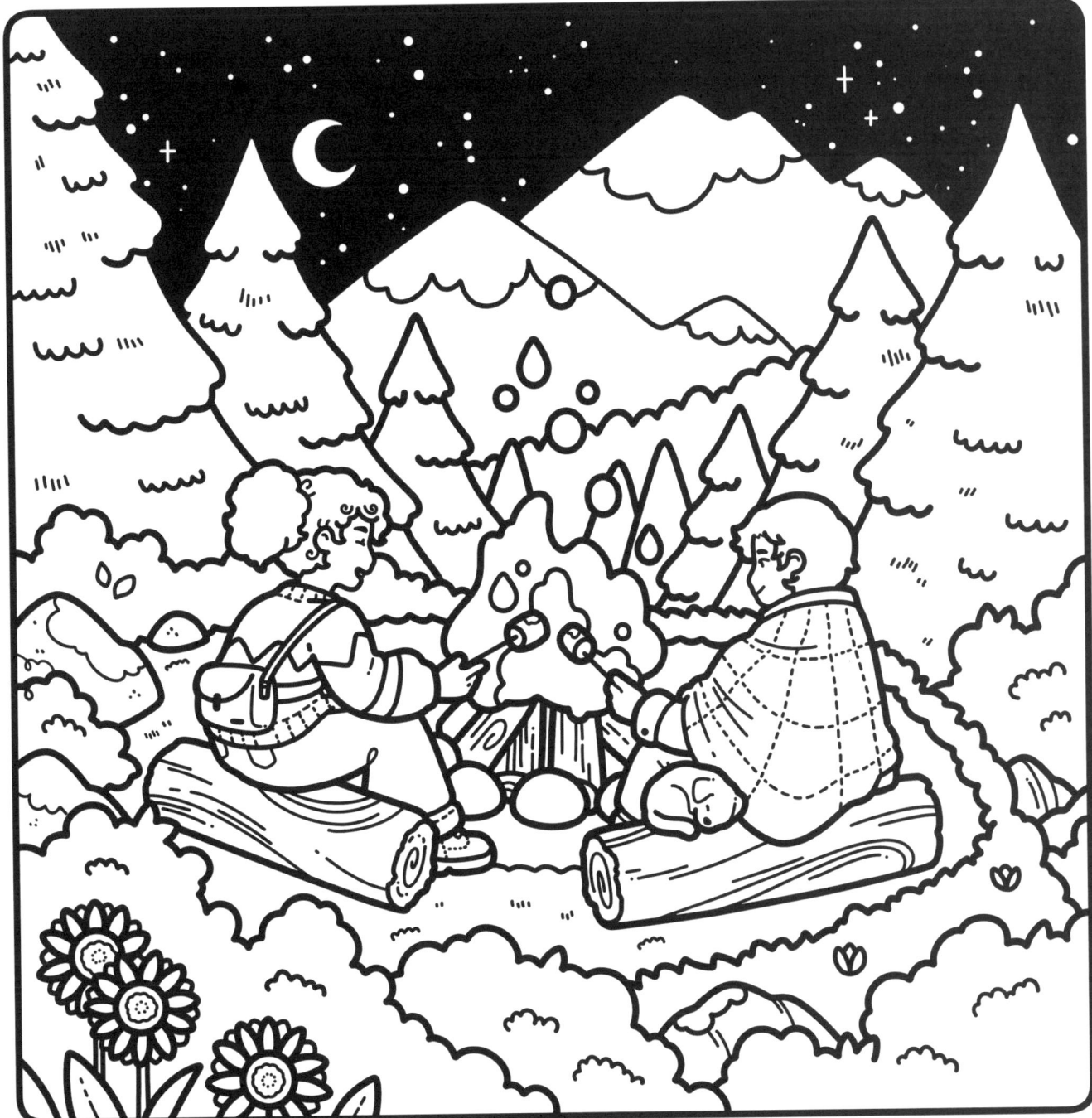

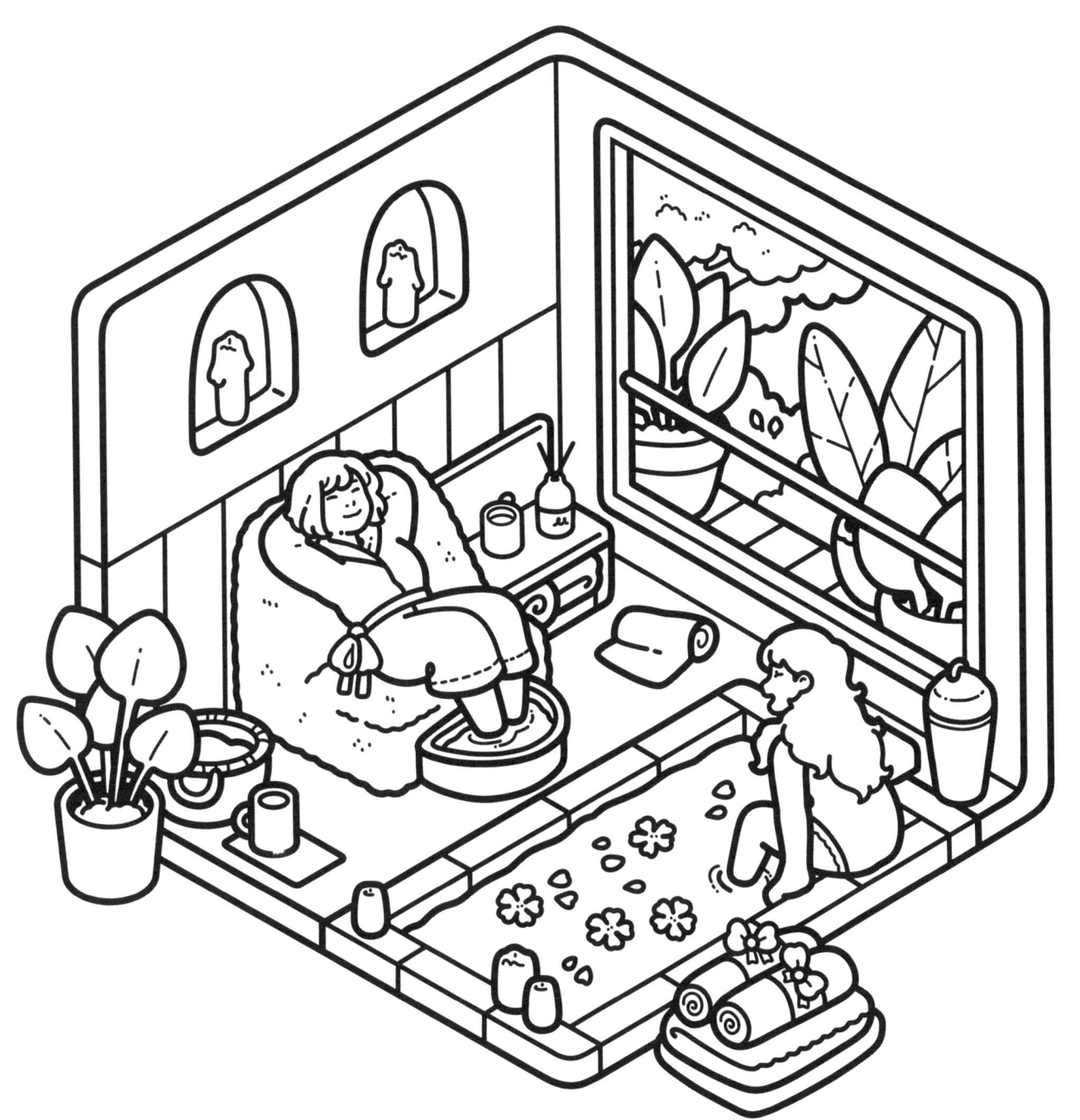

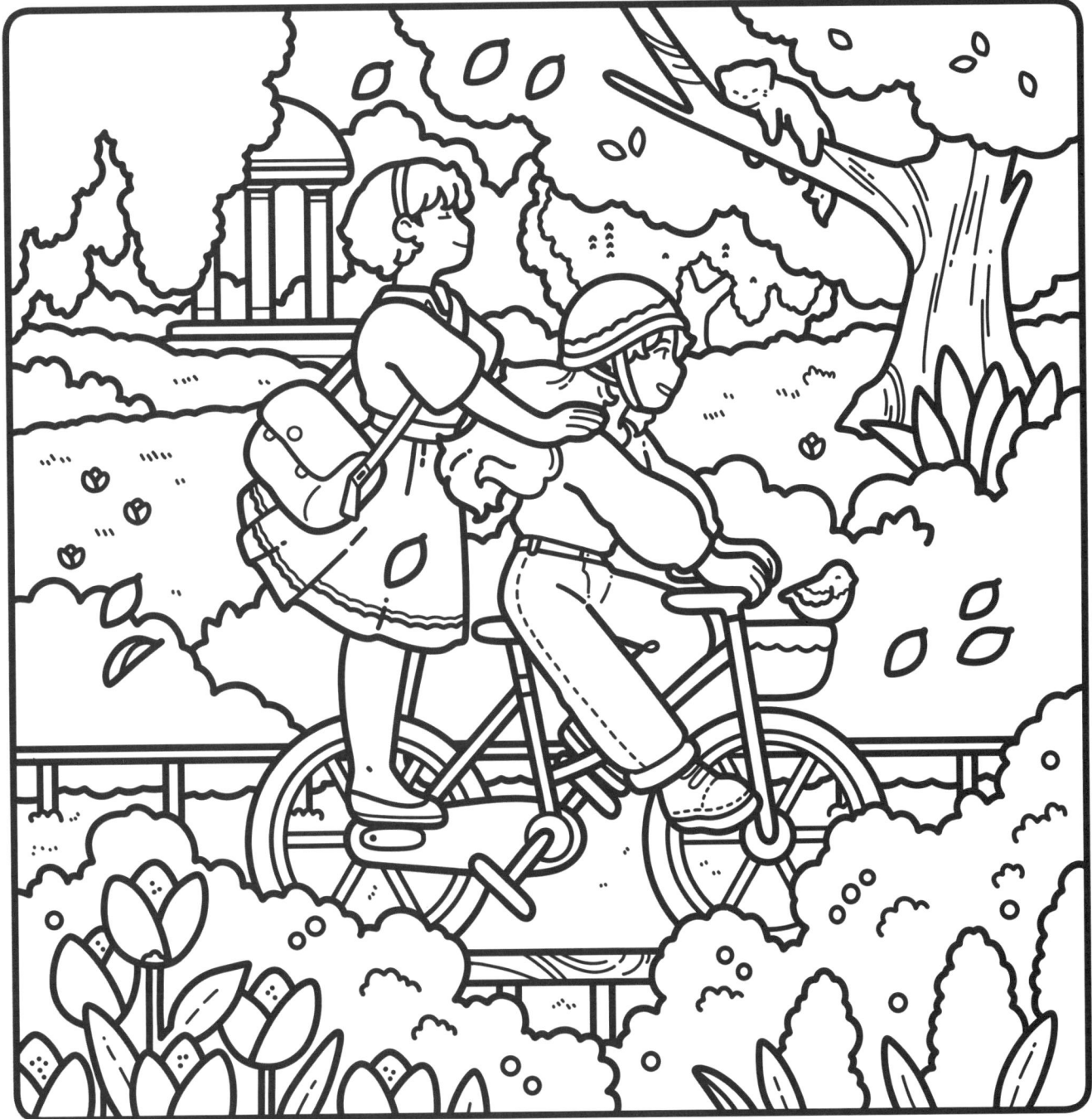

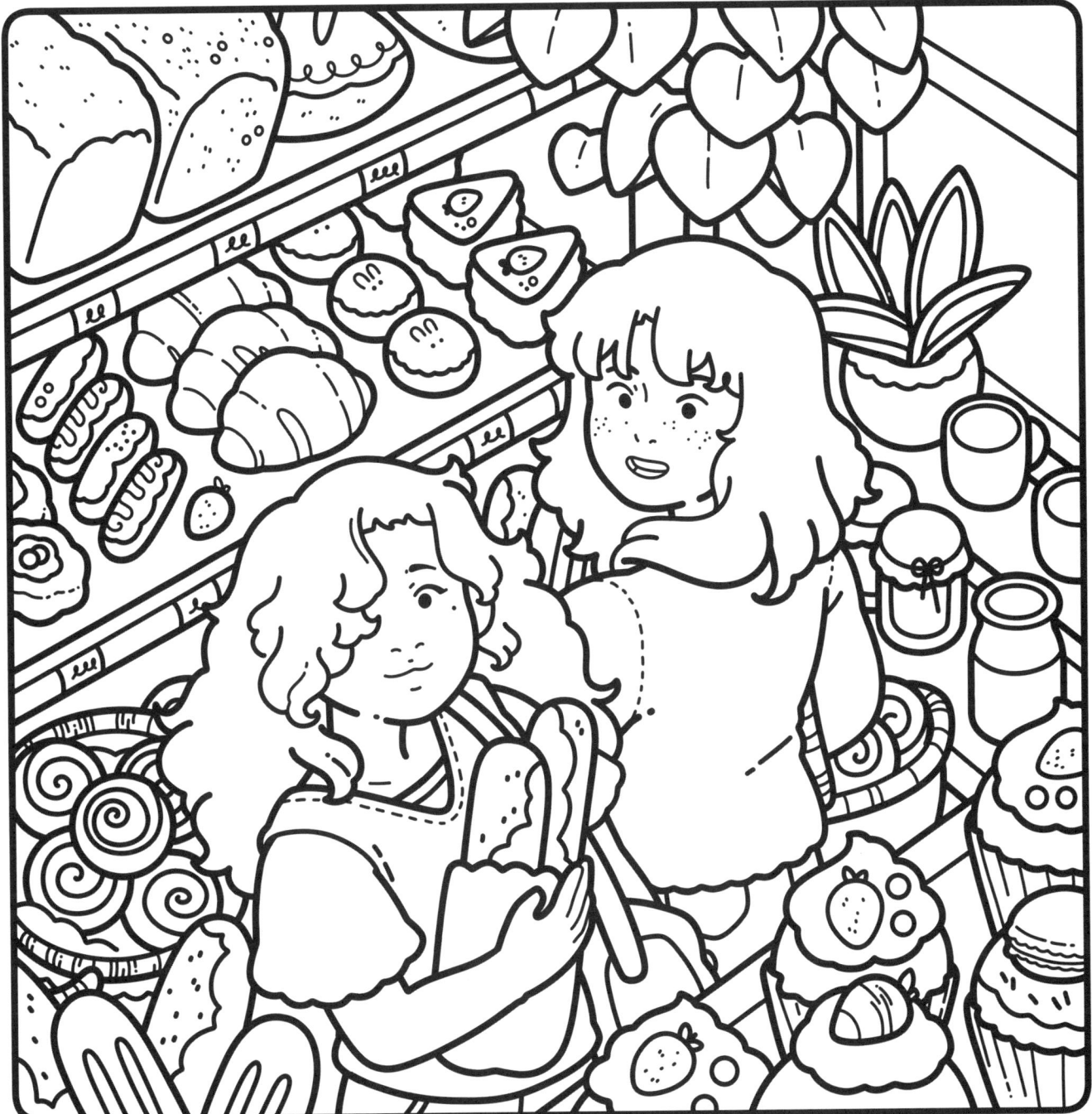

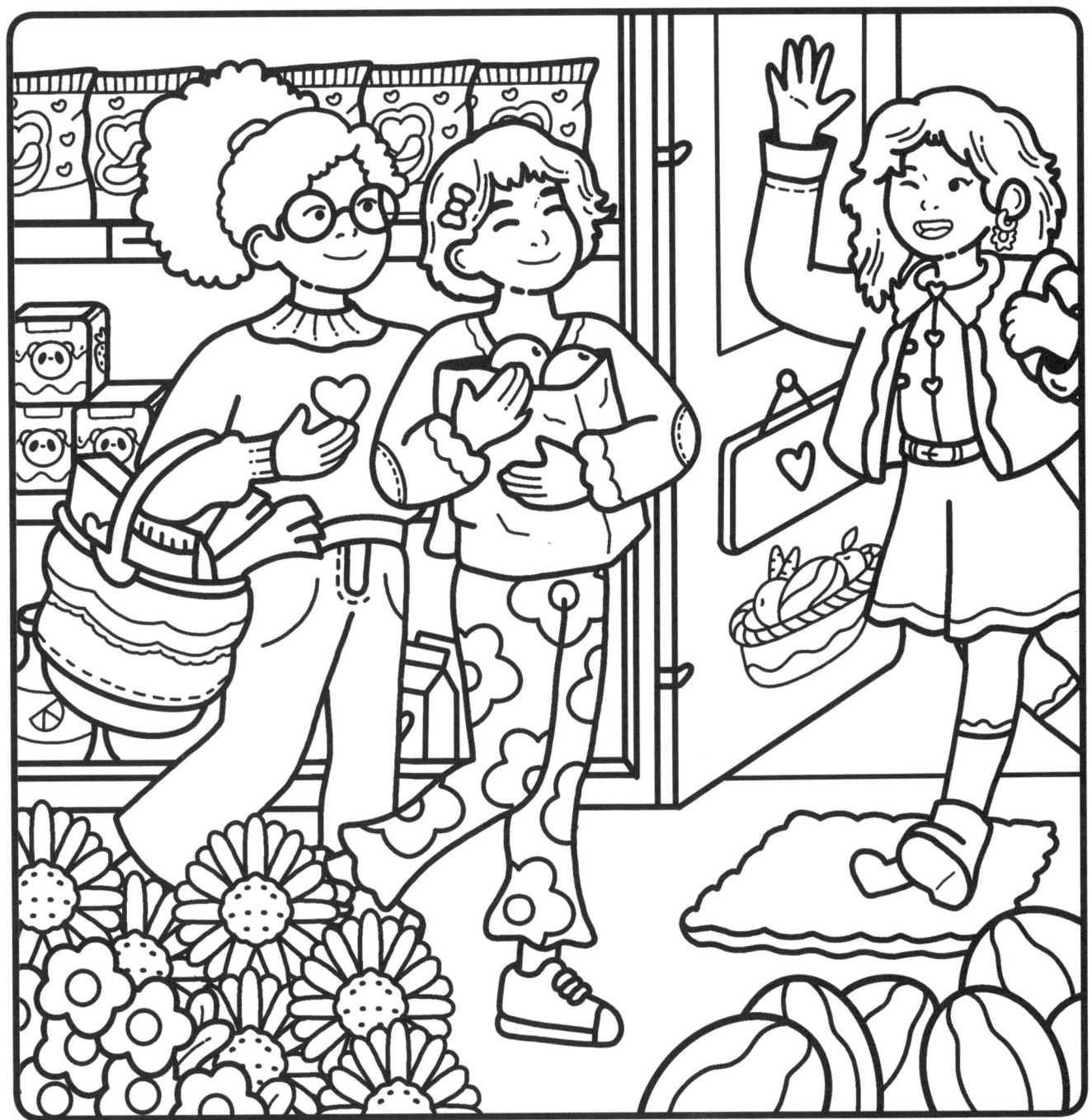

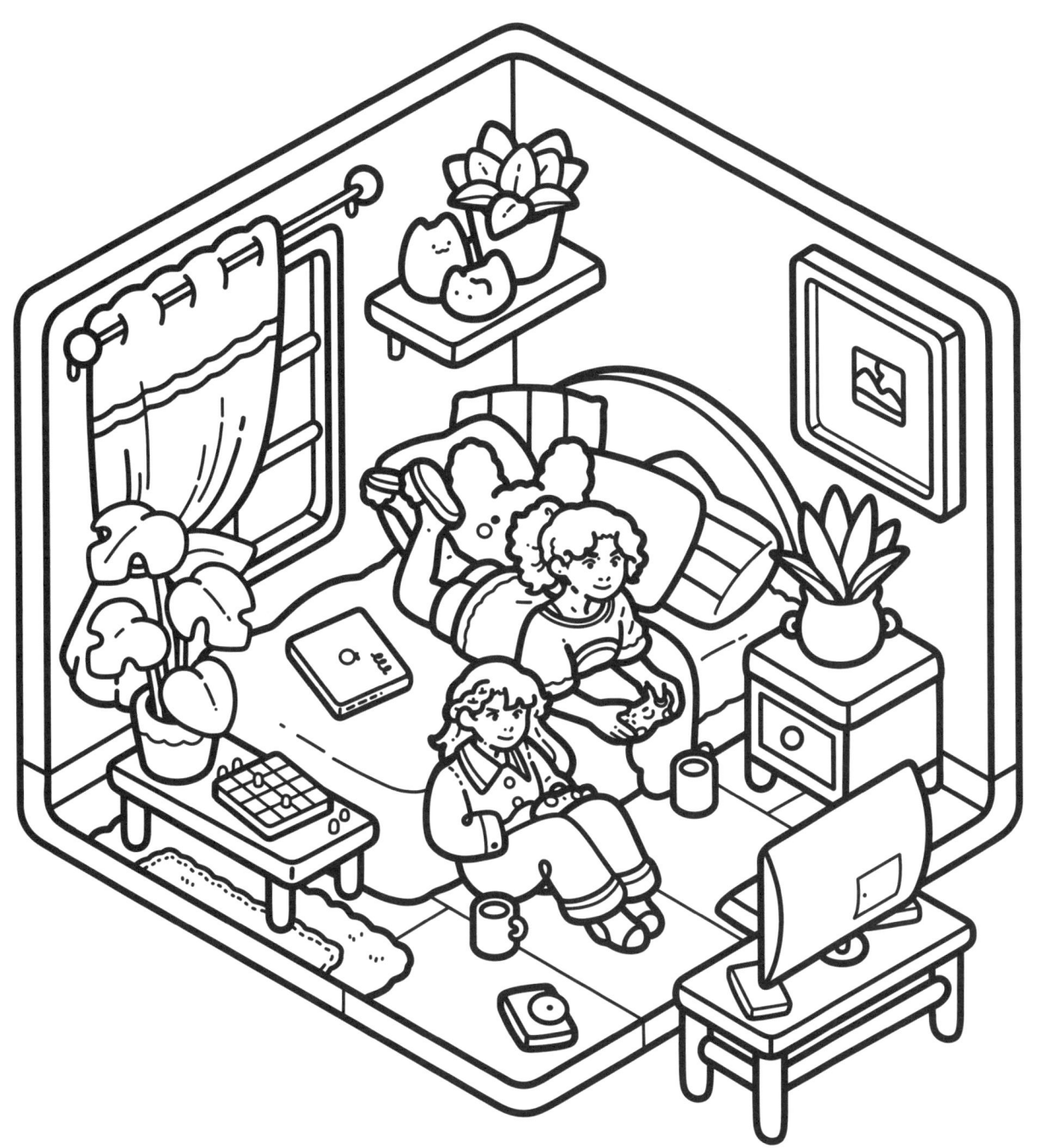

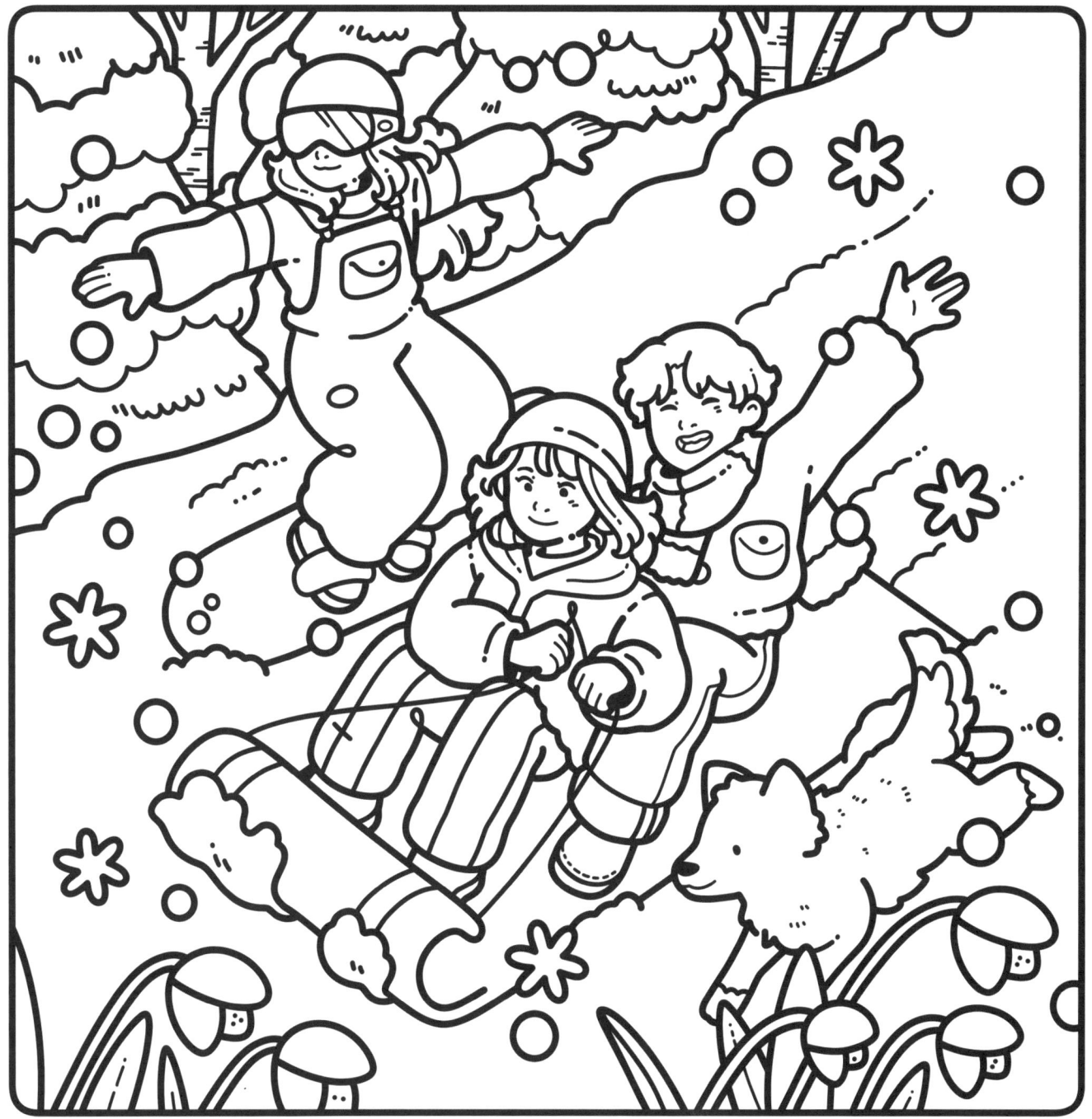

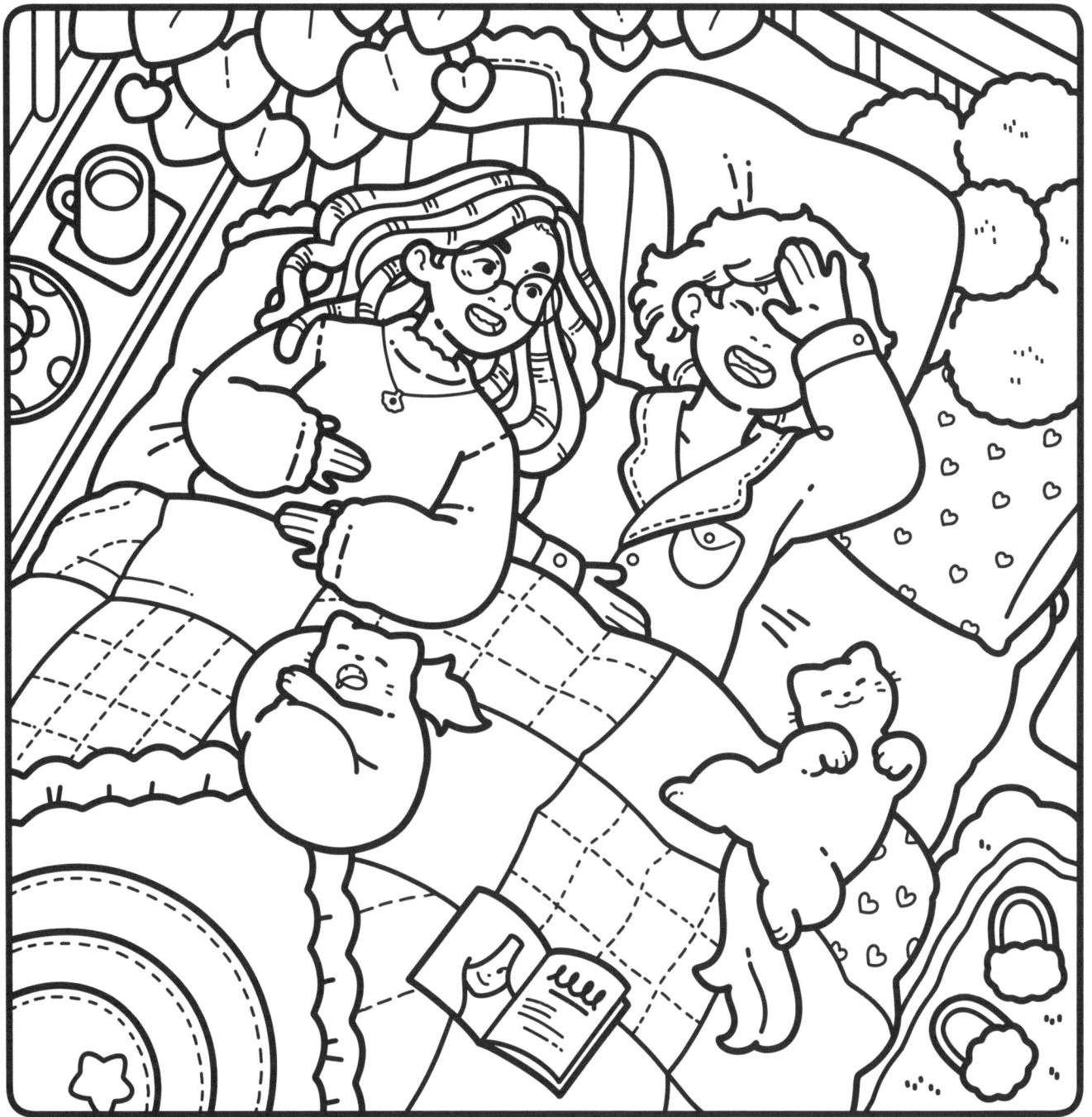

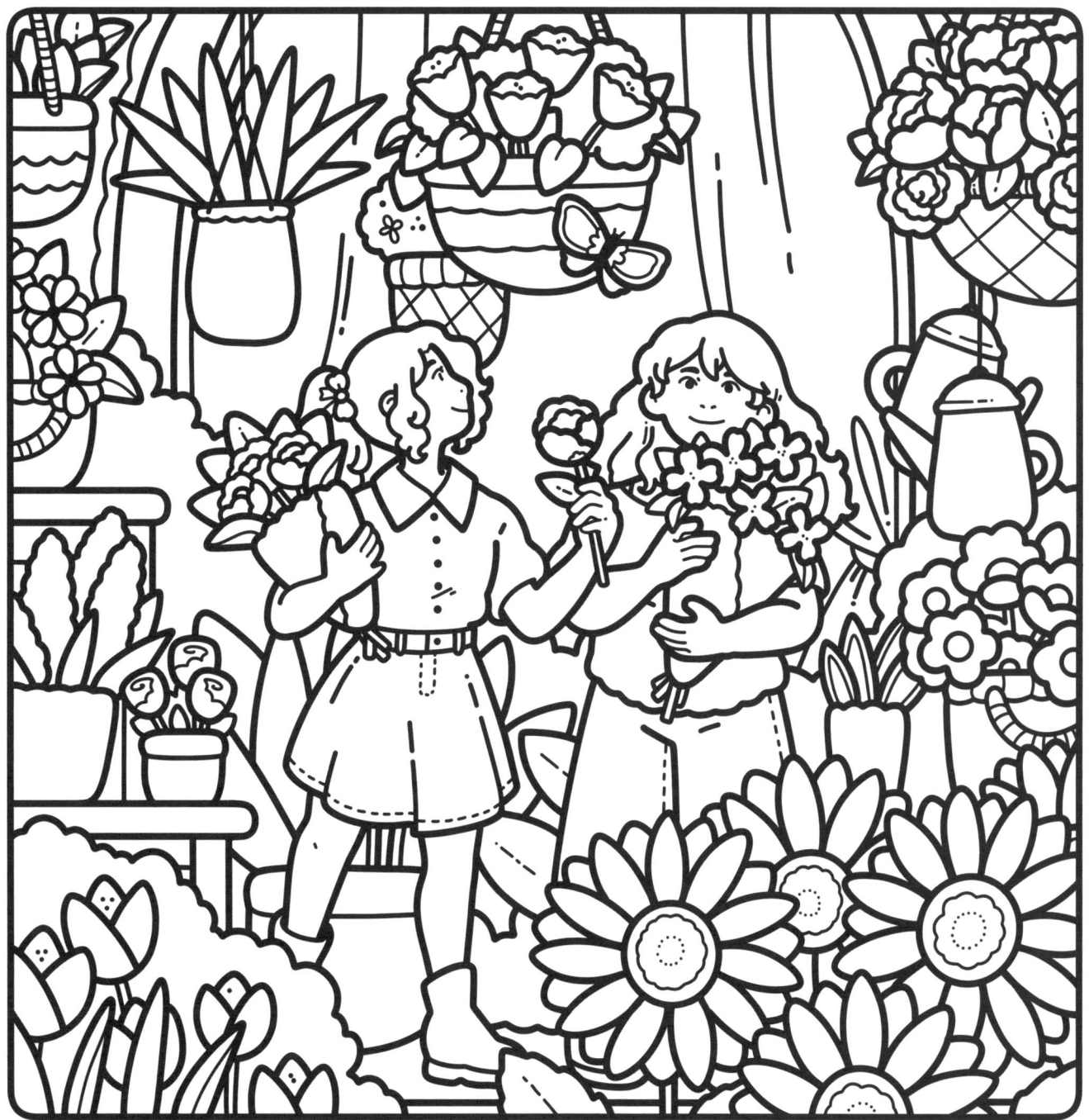

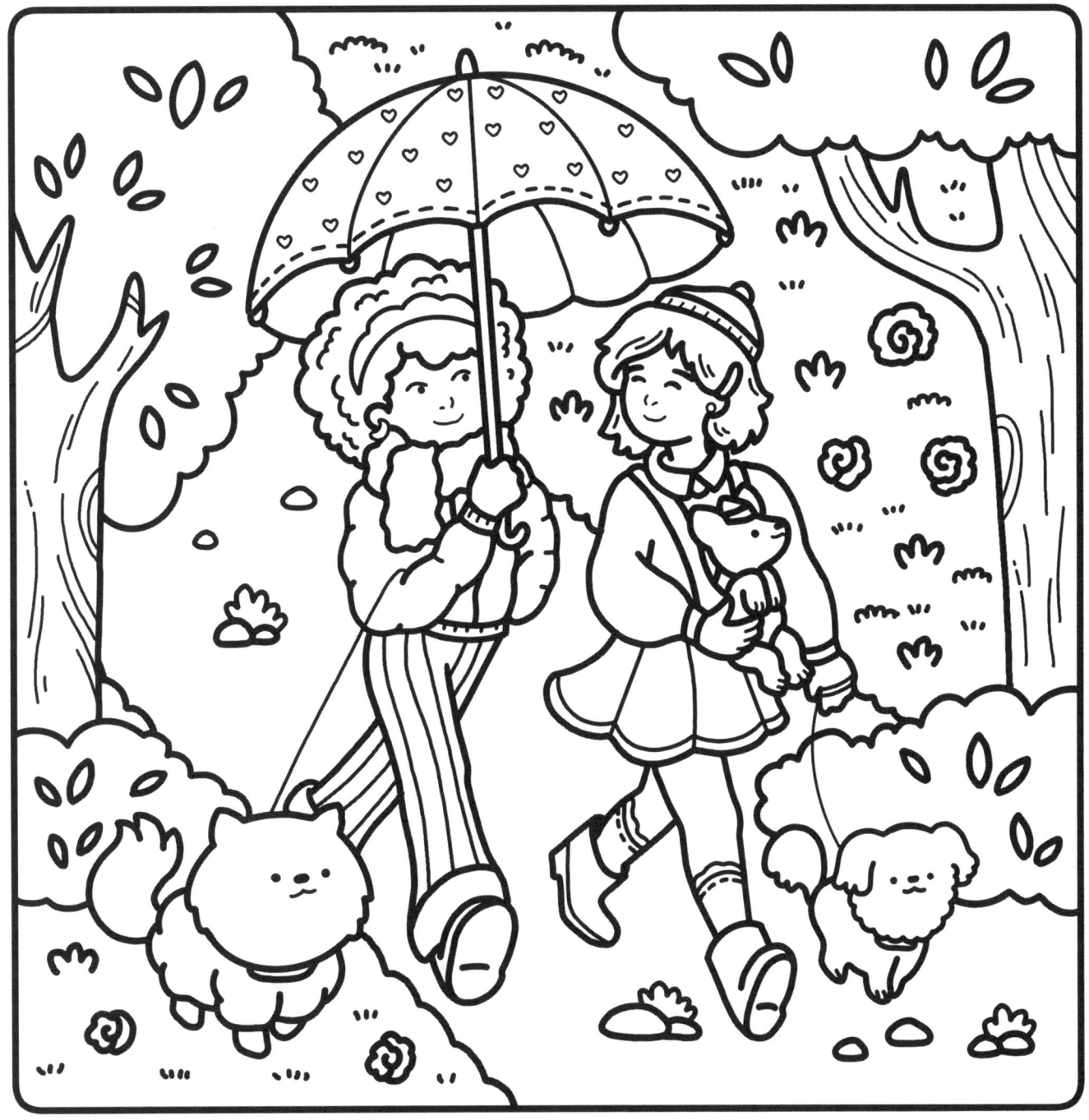

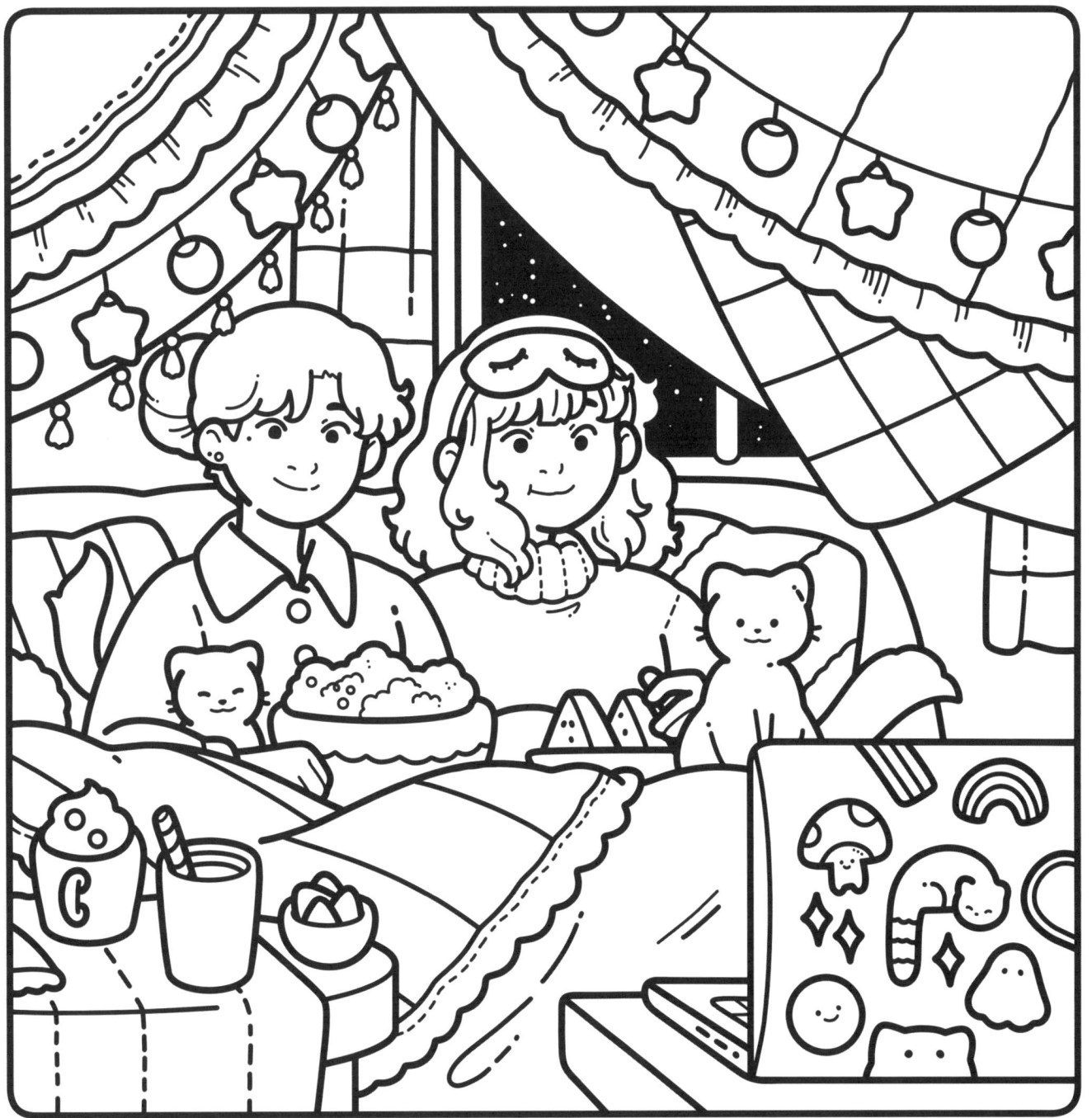

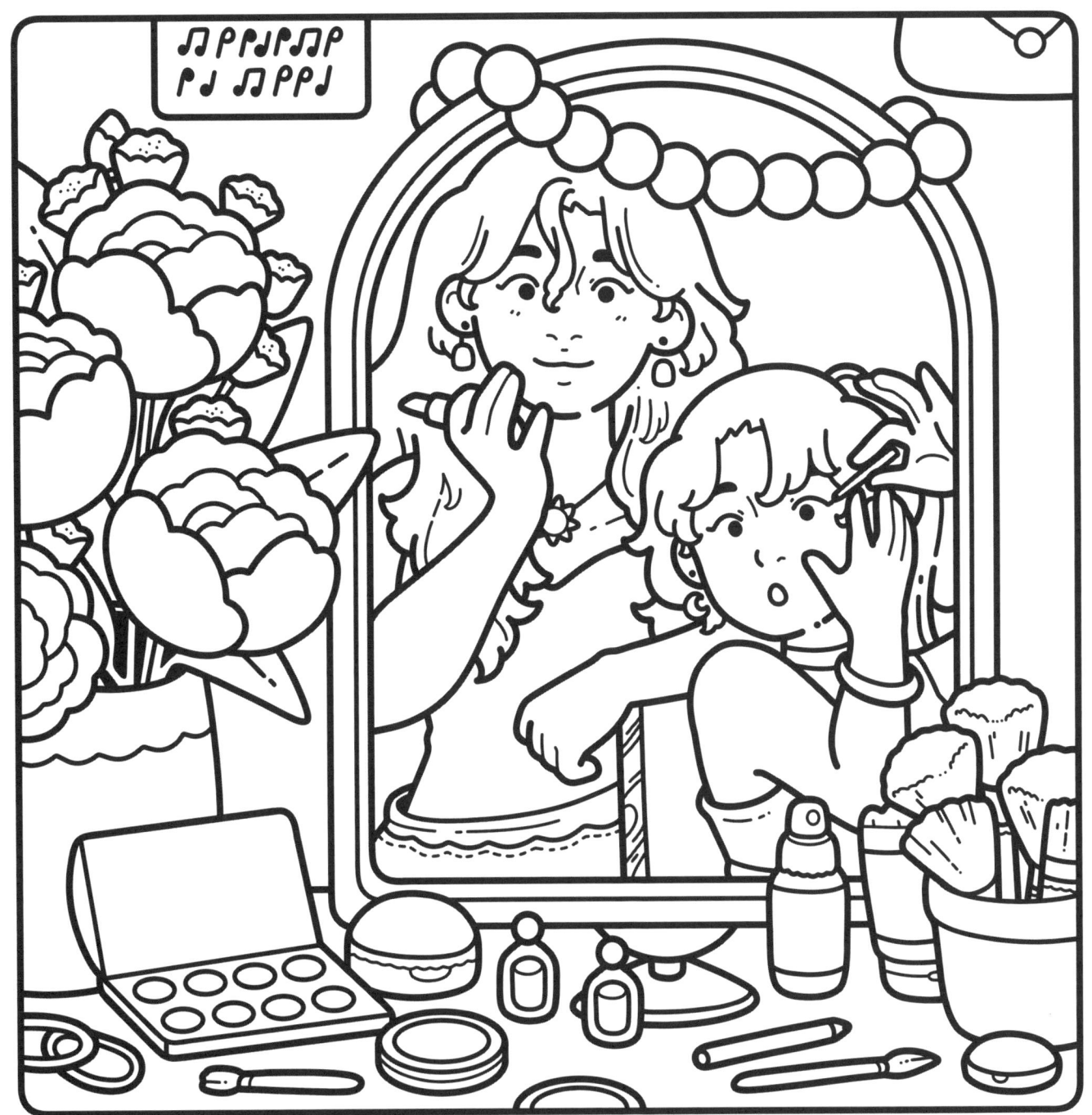

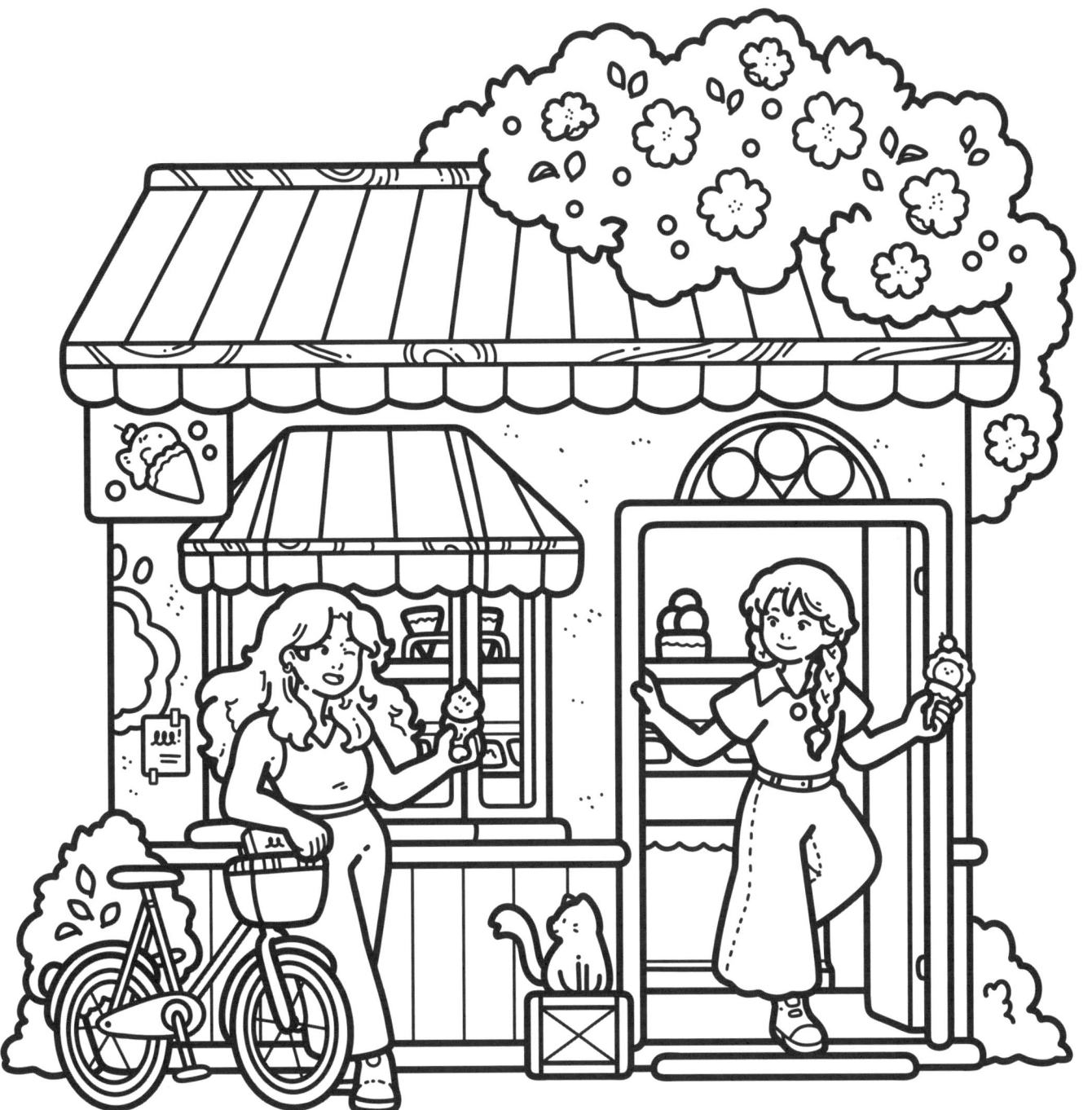

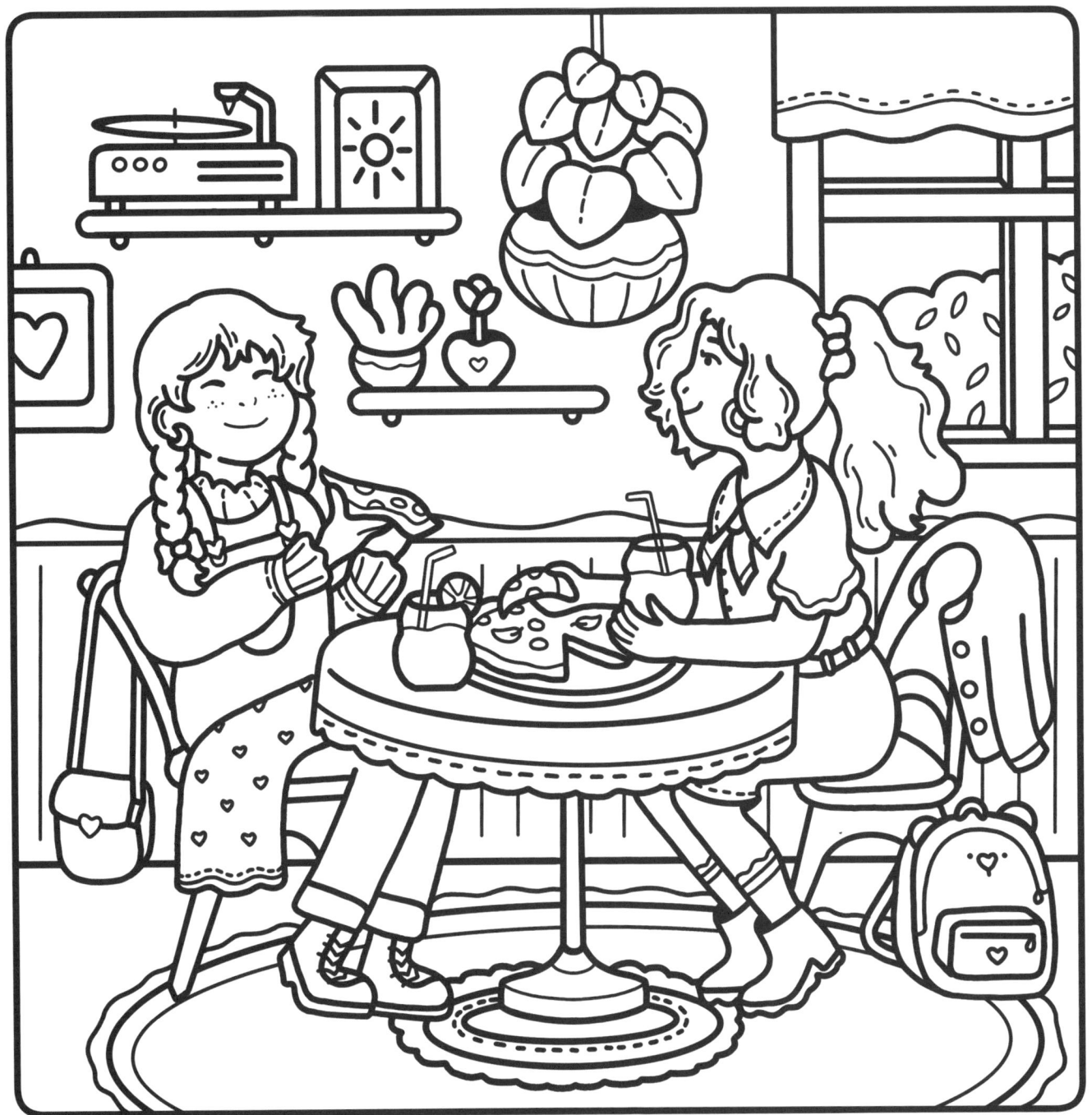

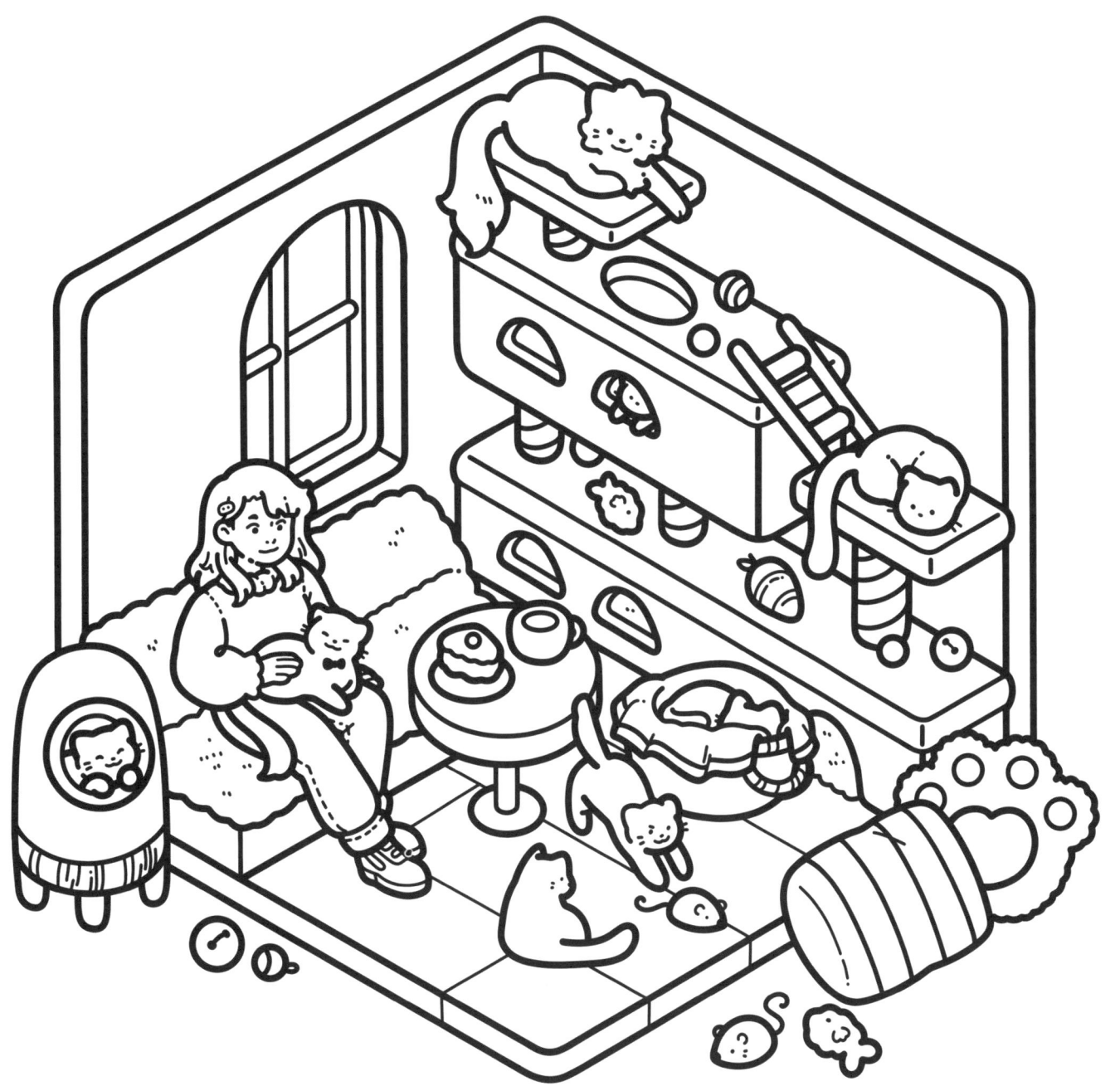

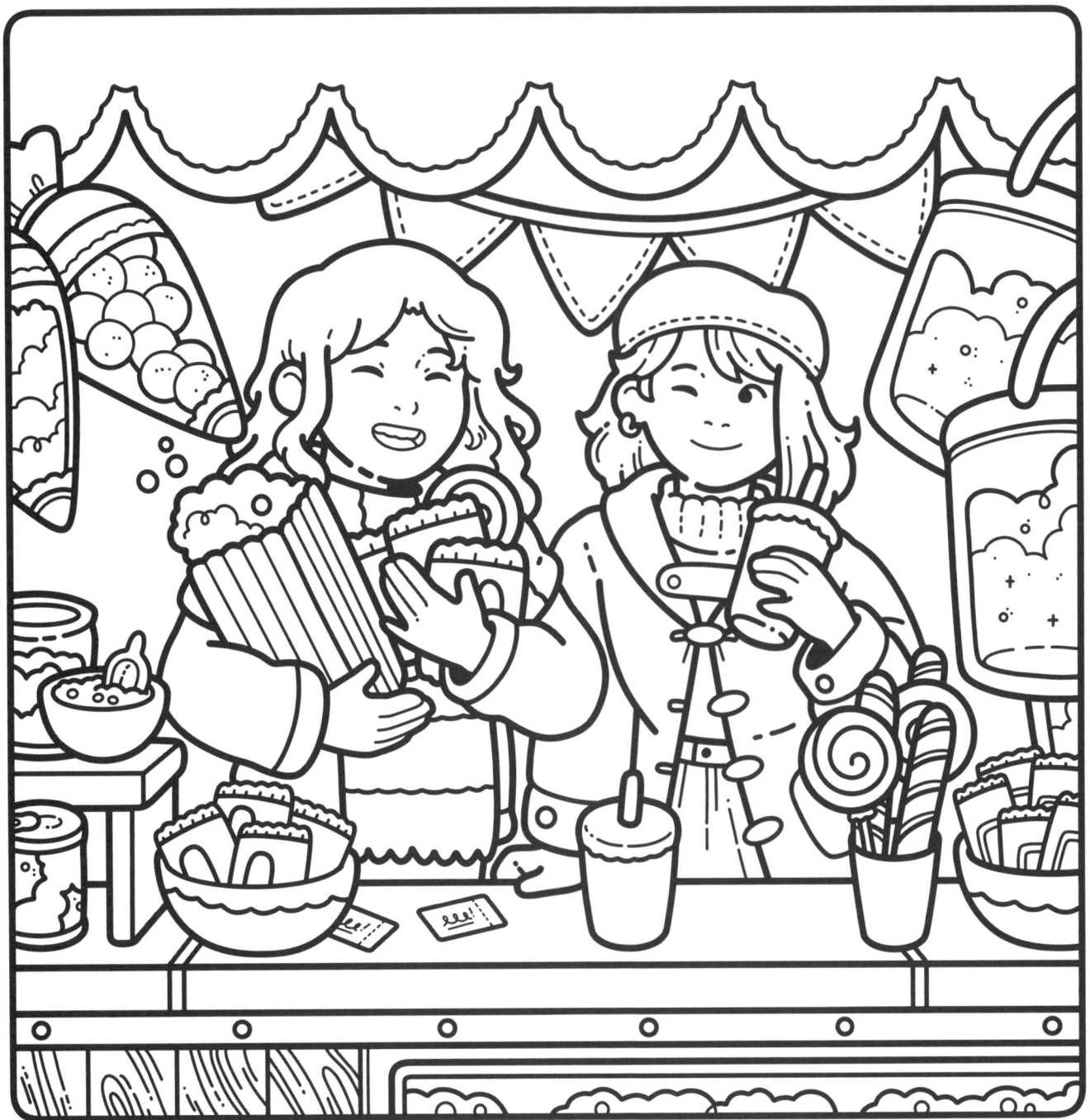

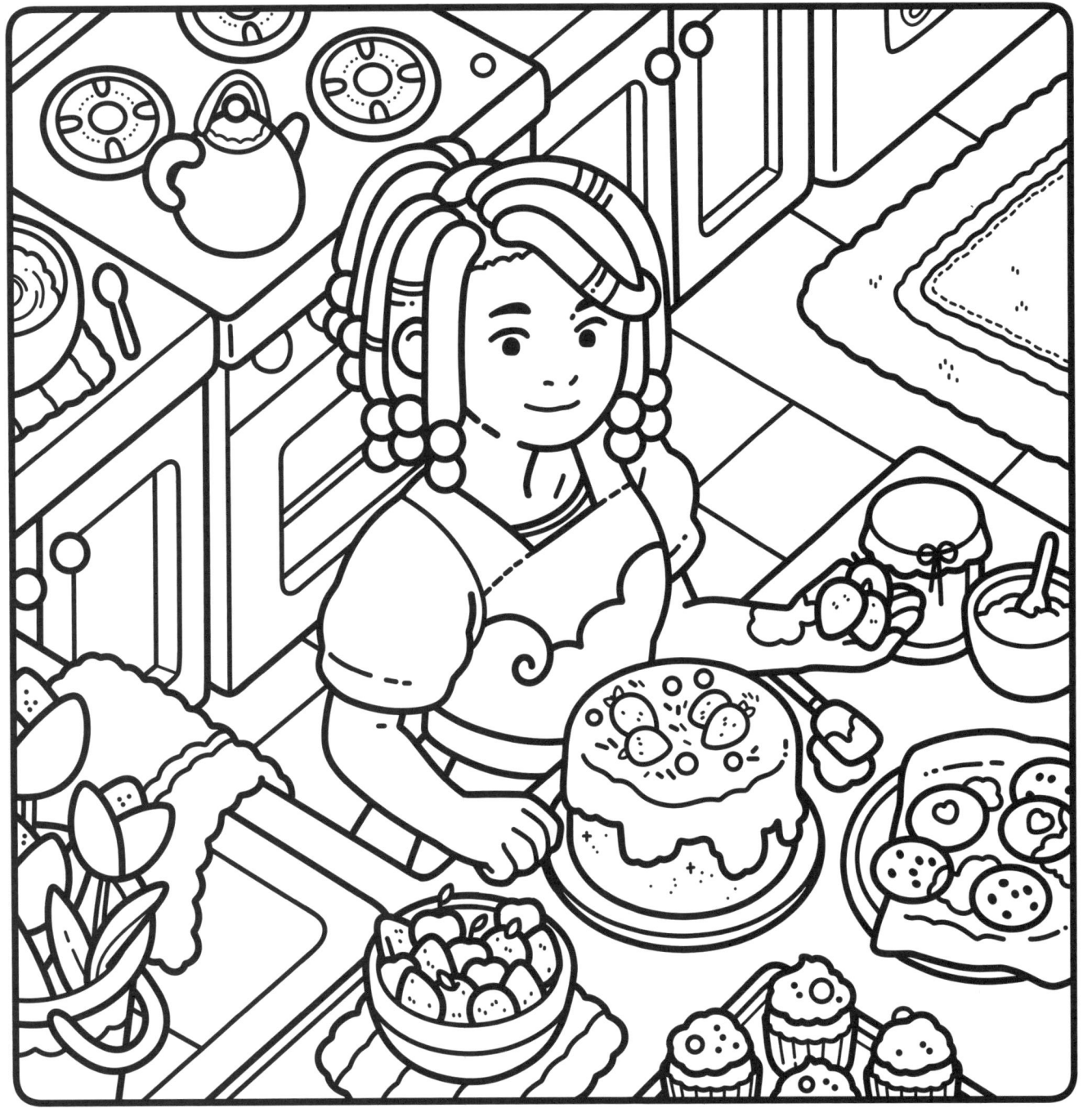

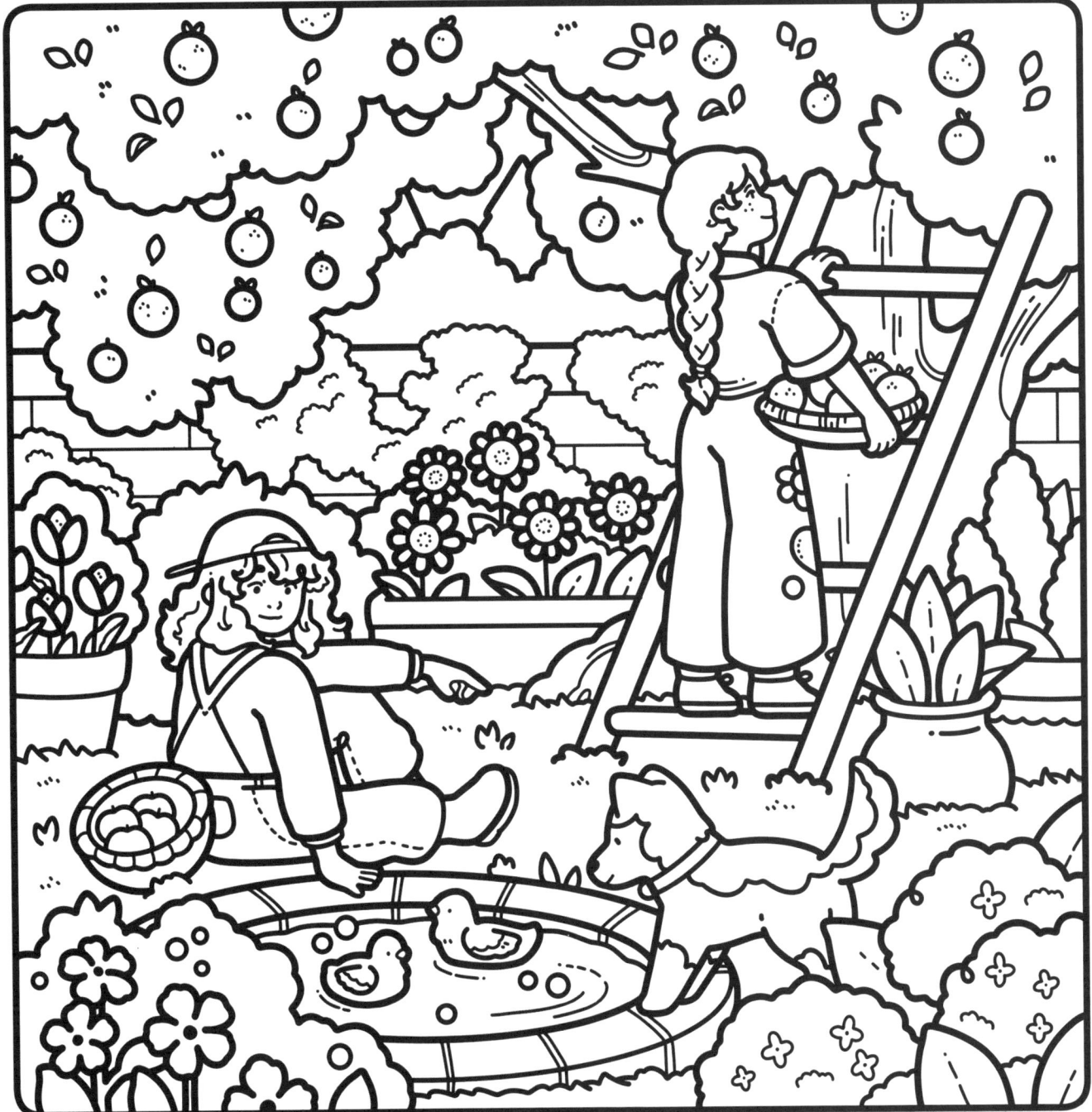

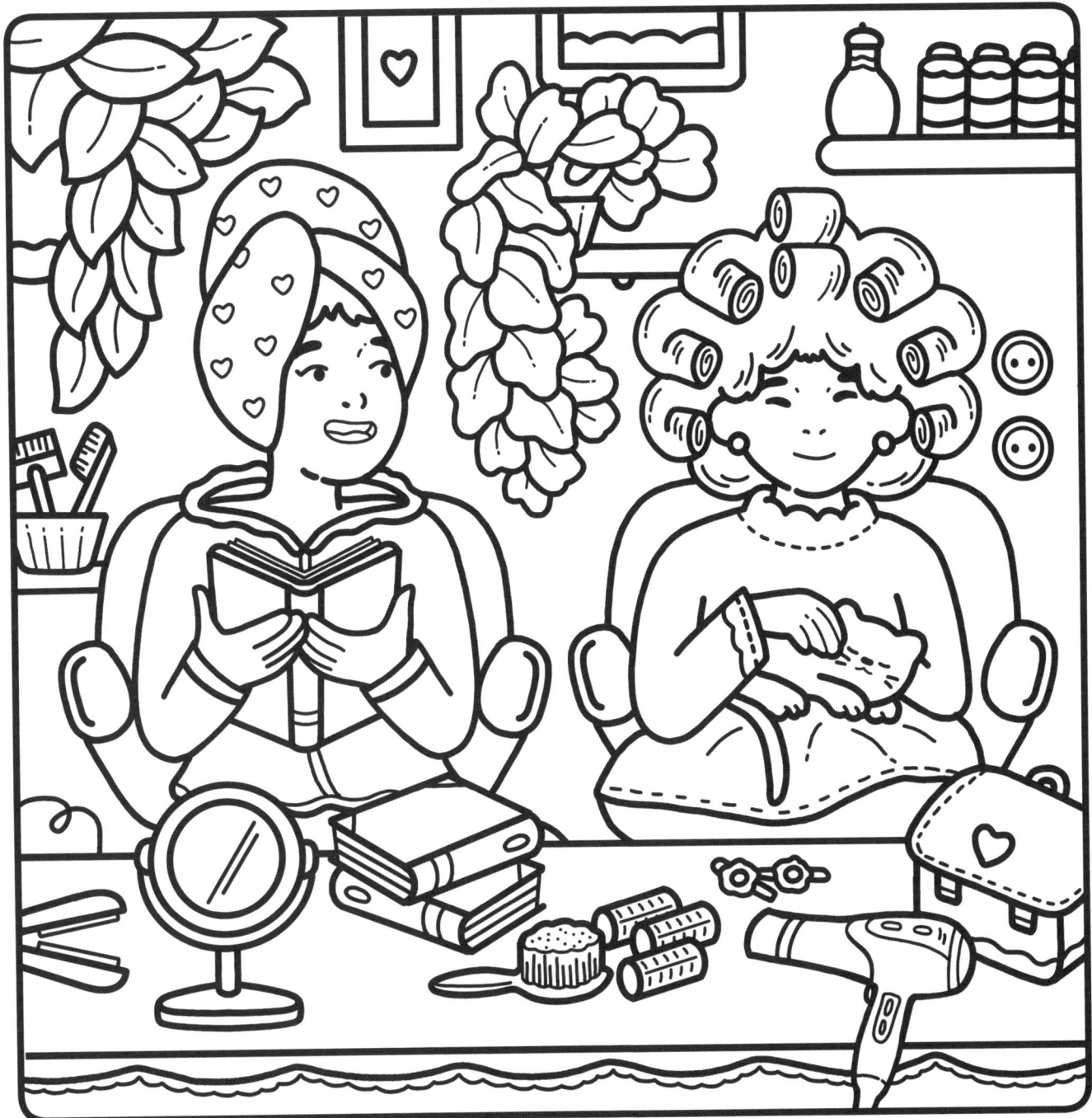

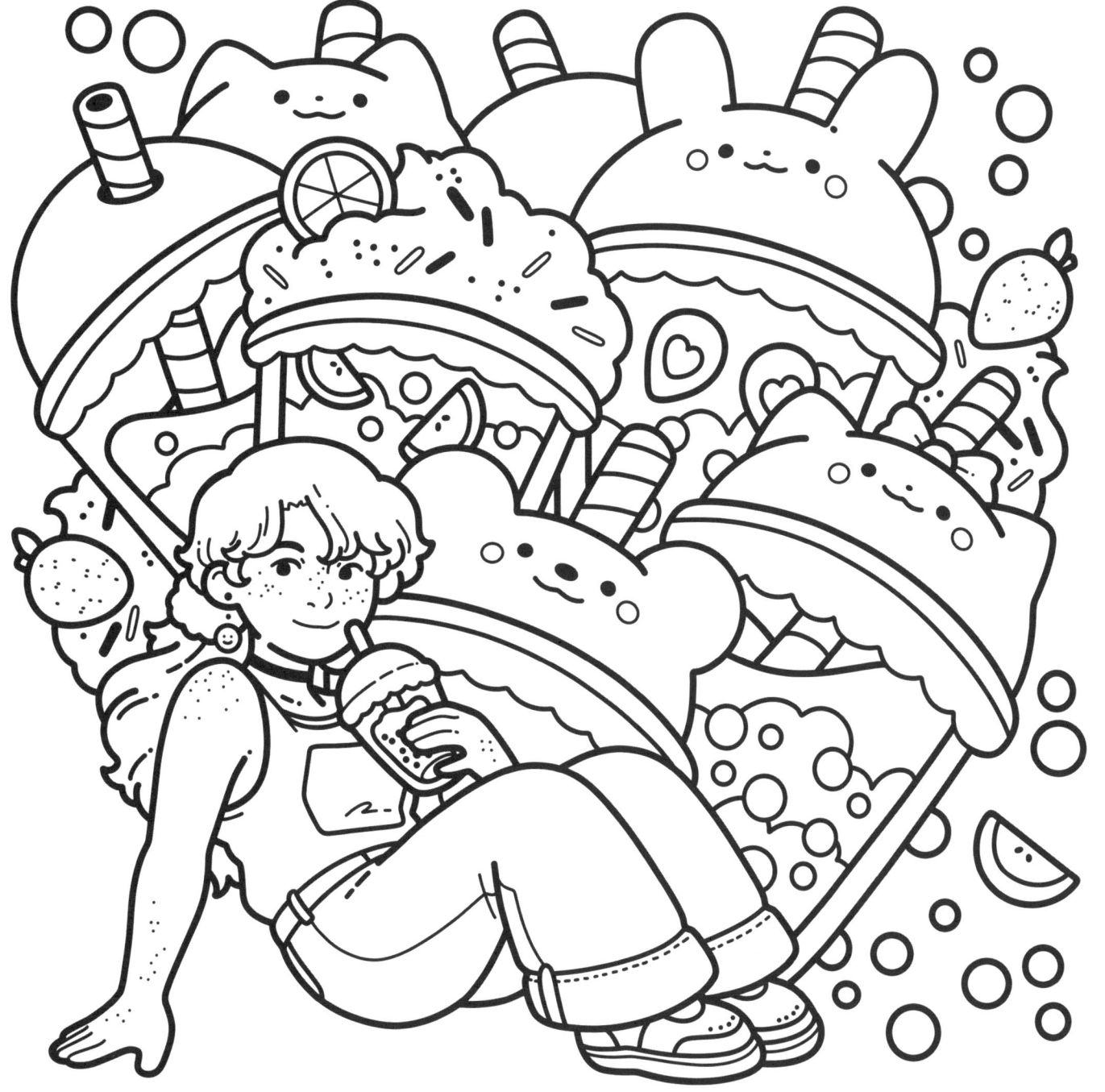

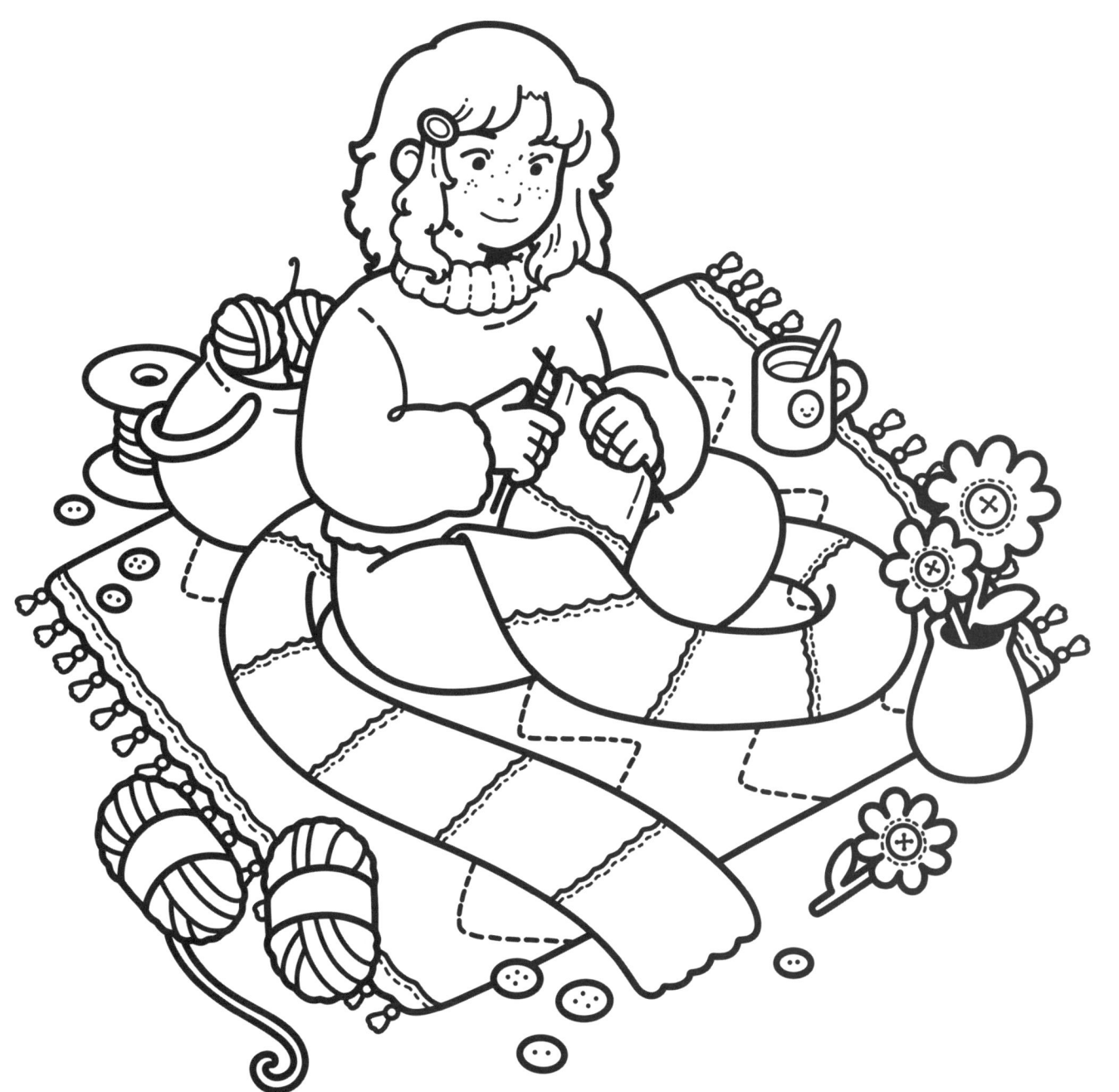

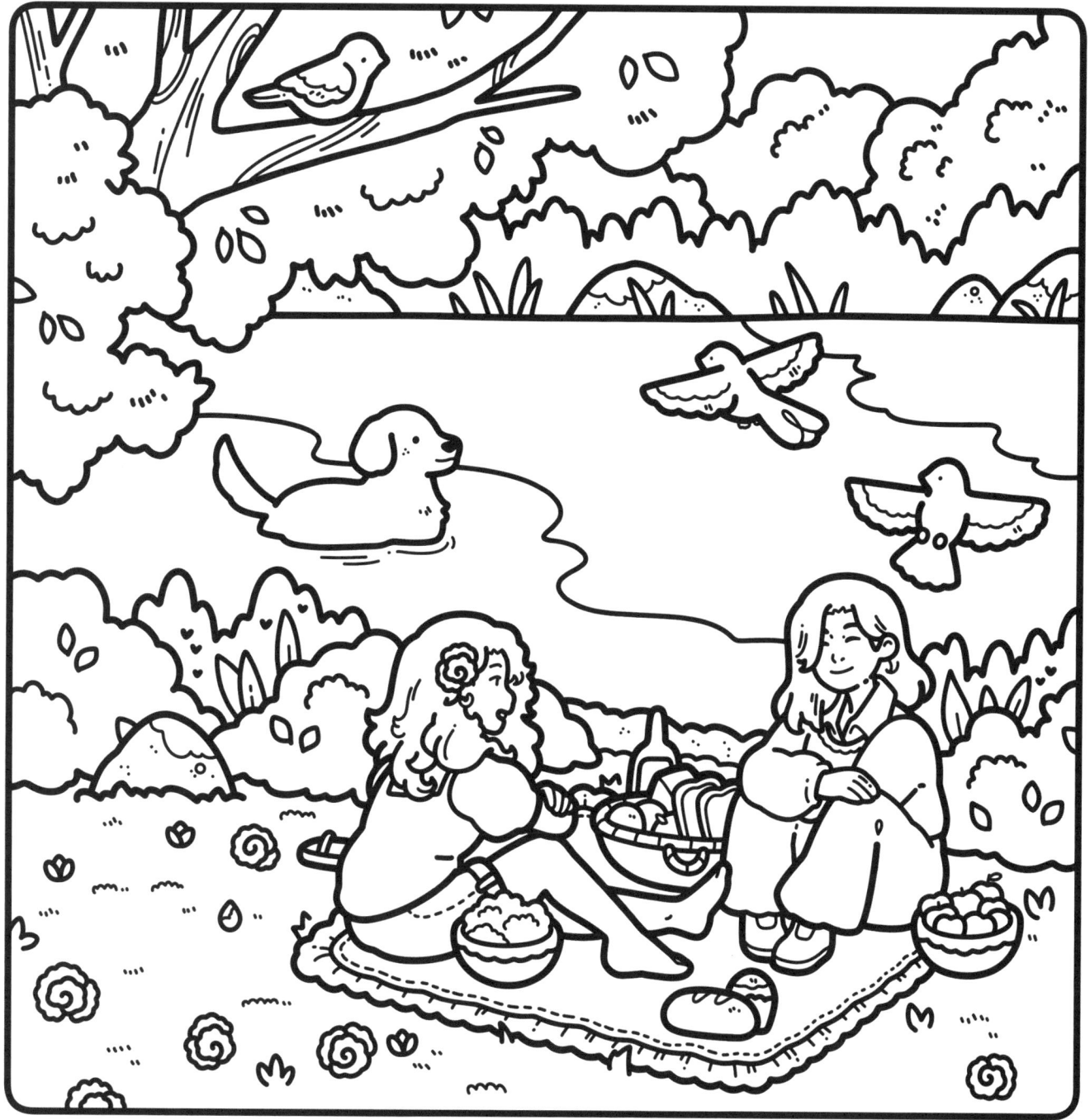

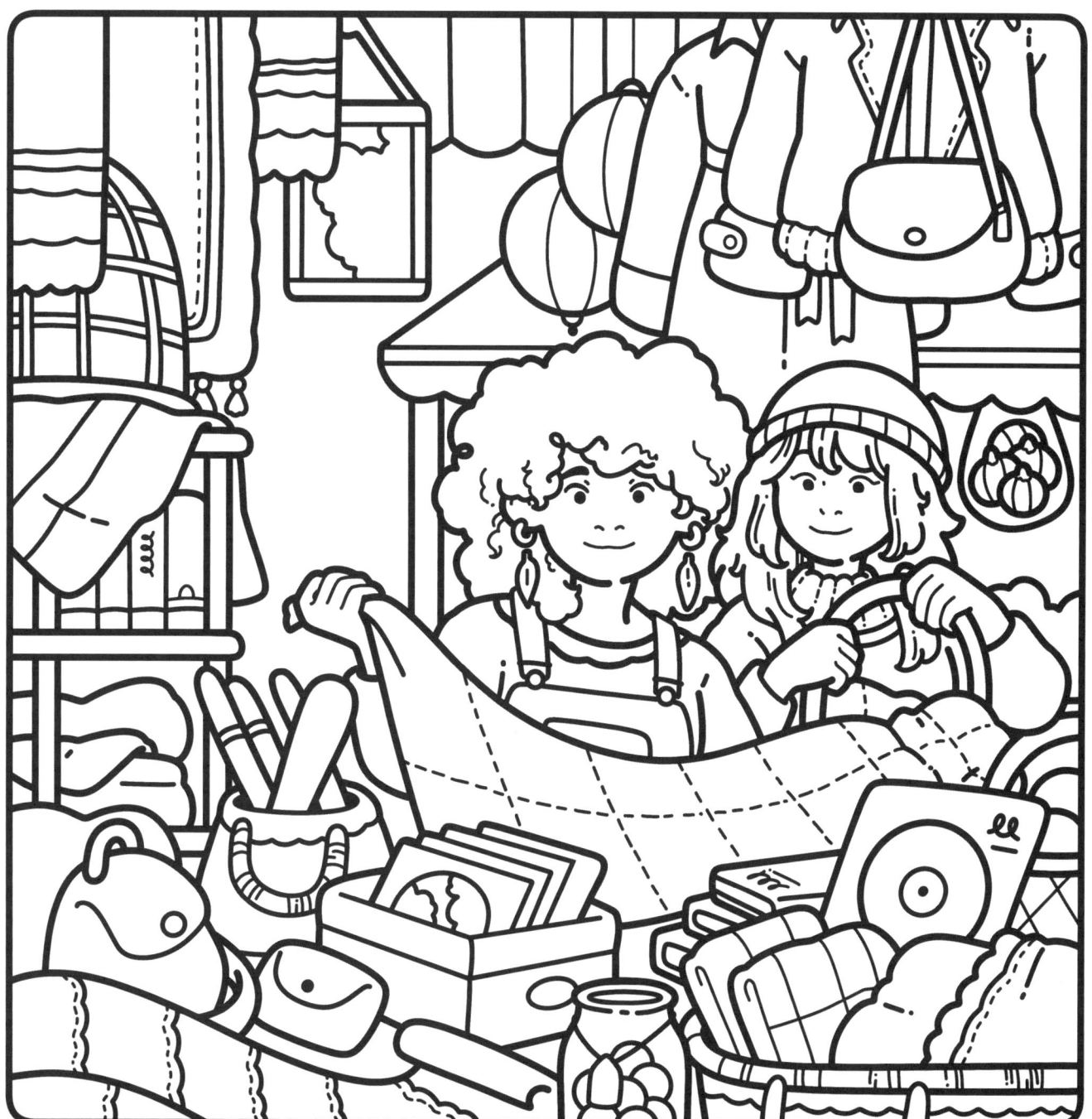

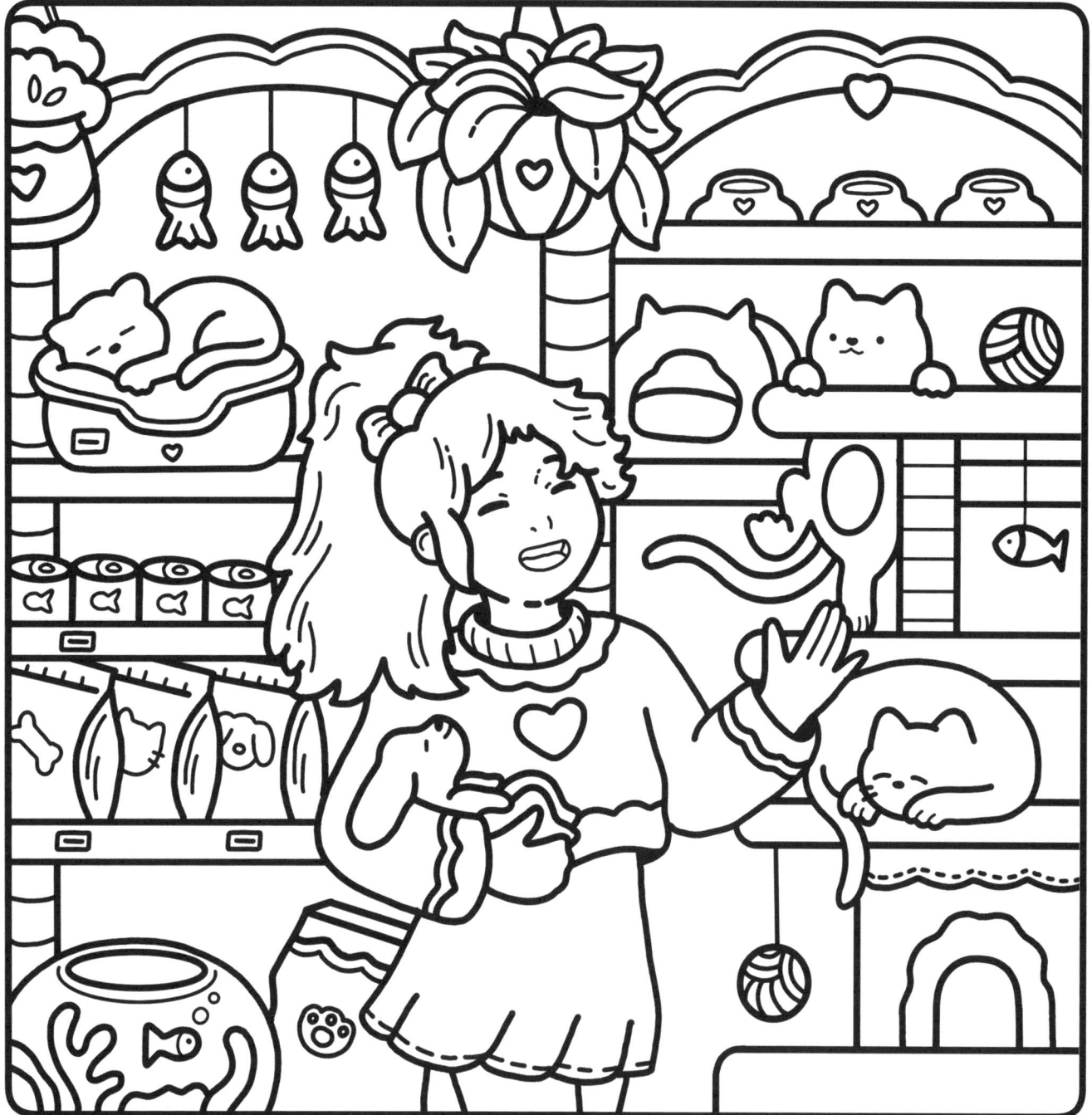

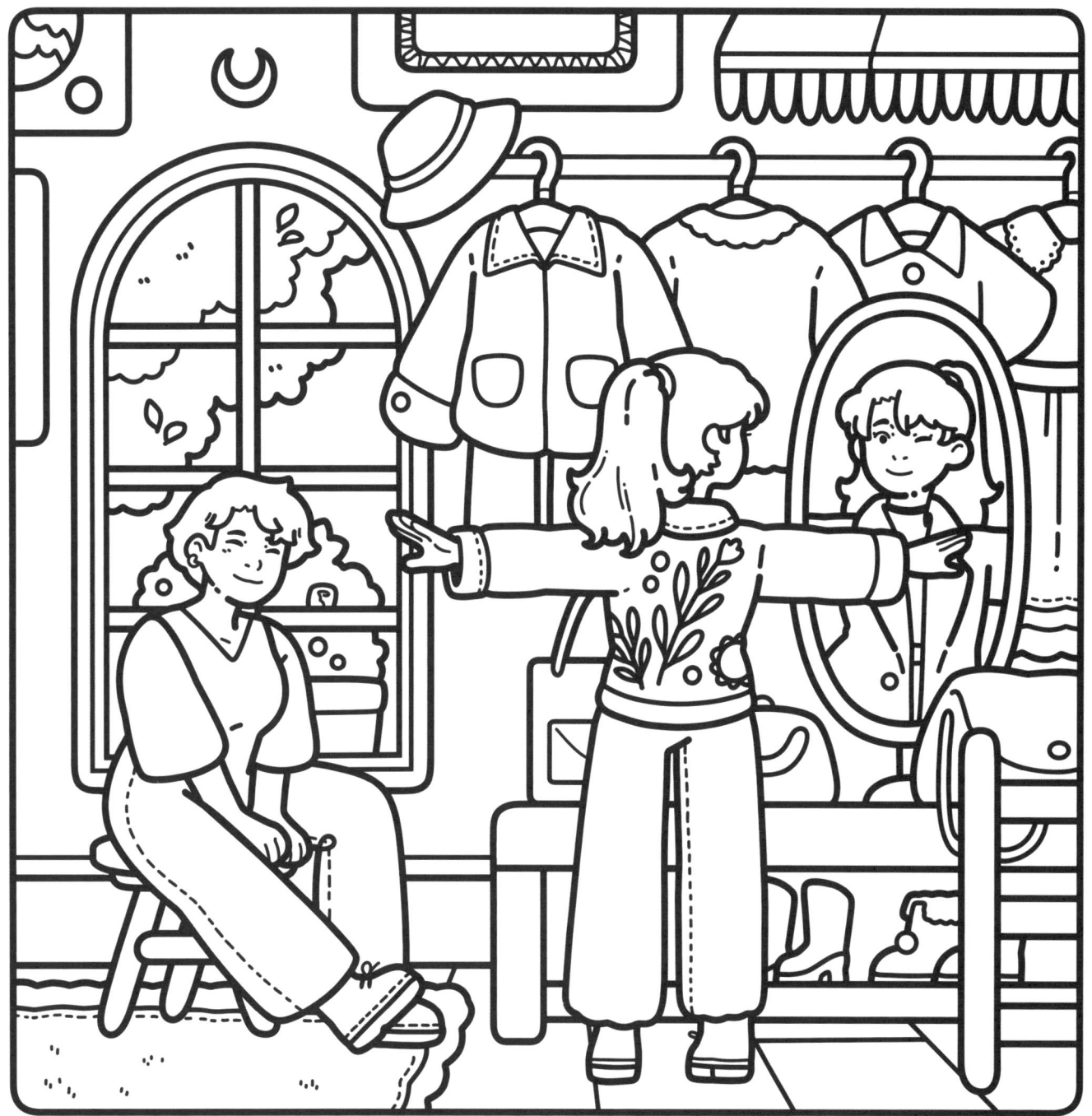

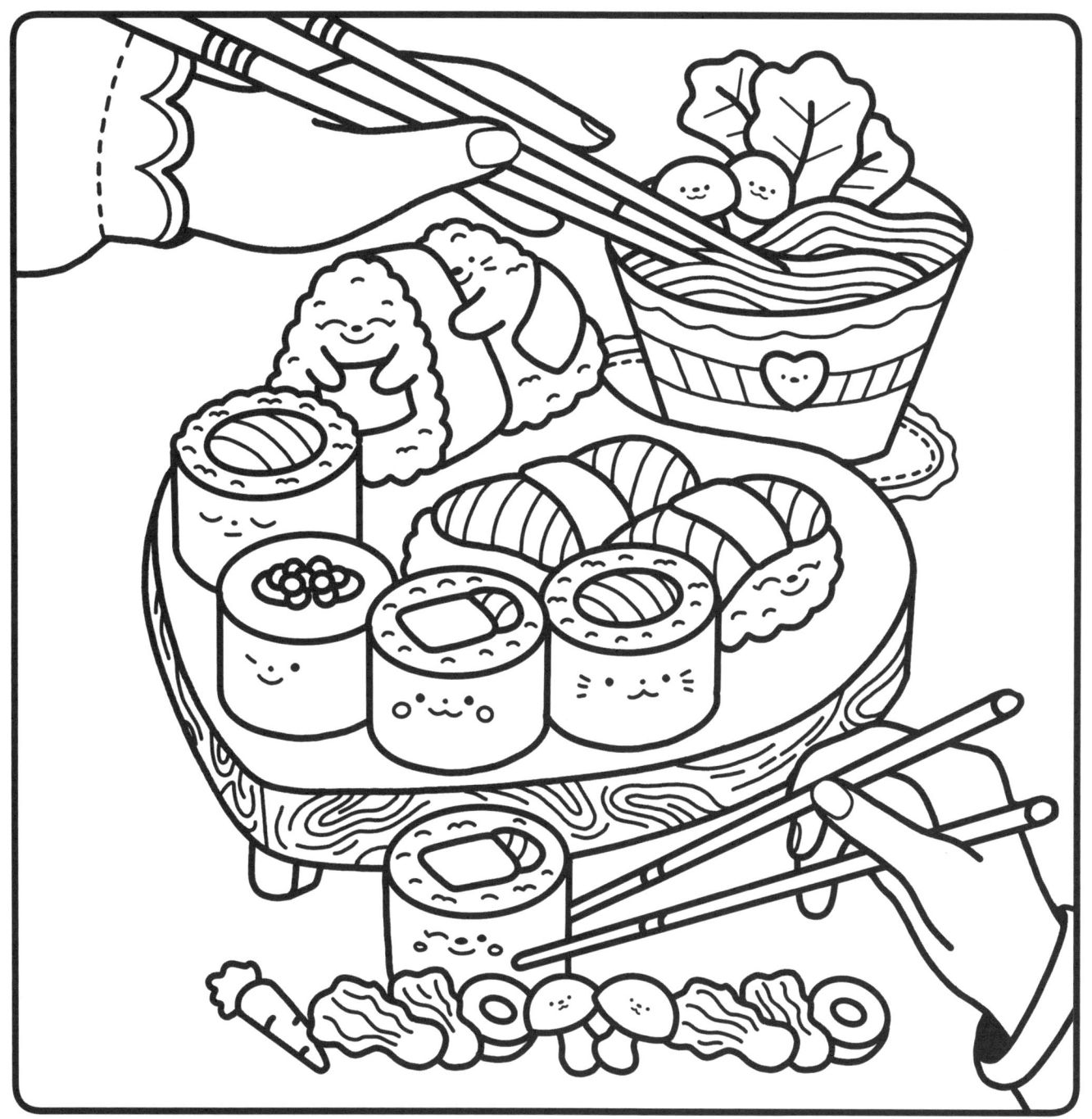

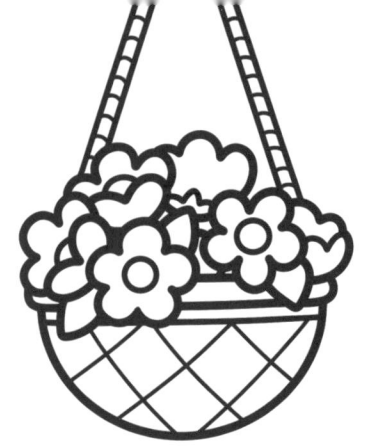

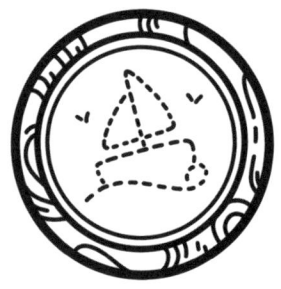

First published in Great Britain in 2025 by Buster Books, an imprint of Michael O'Mara Books Limited, 9 Lion Yard, Tremadoc Road, London SW4 7NQ

© Ilustraciones: Harry Alexander & Anna Guillet

Primera edición: noviembre de 2025

Diseño de cubierta: Angie Allison
Desarrollo de cubierta: Planeta Arte & Diseño

© Editorial Planeta, S. A., 2025
Av. Diagonal, 662-664, 08034 Barcelona (España)
Libros Cúpula es marca registrada por Editorial Planeta, S. A.
www.planetadelibros.com

ISBN: 978-84-480-4539-5
D. L: B. 15.514-2025

Impresor: Liberdúplex

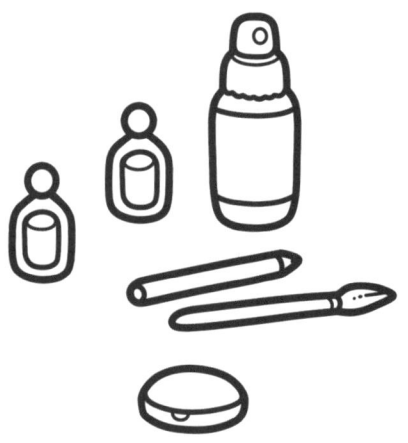

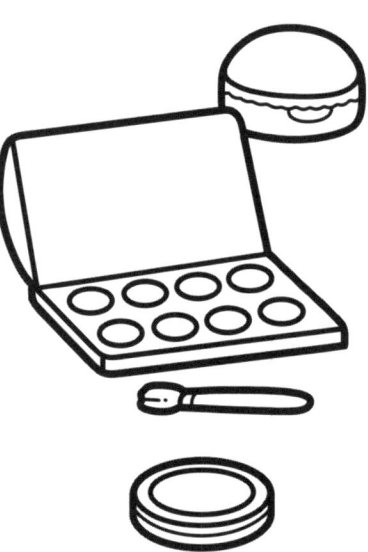

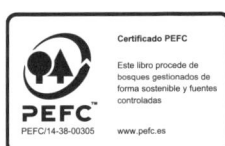

Certificado PEFC
Este libro procede de bosques gestionados de forma sostenible y fuentes controladas

PEFC
PEFC/14-38-00305   www.pefc.es